Der Anti-Stress-Trainer
für Gastronomen

Andrea Brenner · Bernhard Wolf

Der Anti-Stress-Trainer für Gastronomen

Rezepte für Leichtigkeit

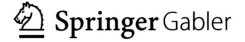

Andrea Brenner
Die Genussprofis
Schliersee, Deutschland

Bernhard Wolf
Die Genussprofis
Schliersee, Deutschland

ISBN 978-3-658-22190-4   ISBN 978-3-658-22191-1   (eBook)
https://doi.org/10.1007/978-3-658-22191-1

Die Deutsche Nationalbibliothek verzeichnet diese Publikation in der Deutschen Nationalbibliografie; detaillierte bibliografische Daten sind im Internet über http://dnb.d-nb.de abrufbar.

Springer Gabler
© Springer Fachmedien Wiesbaden GmbH, ein Teil von Springer Nature 2018

Umschlaggestaltung: deblik Berlin
Illustrationen: Beate Mader, www.visionhochdrei.de

Gedruckt auf säurefreiem und chlorfrei gebleichtem Papier

Springer Gabler ist ein Imprint der eingetragenen Gesellschaft Springer Fachmedien Wiesbaden GmbH und ist ein Teil von Springer Nature
Die Anschrift der Gesellschaft ist: Abraham-Lincoln-Str. 46, 65189 Wiesbaden, Germany

Geleitwort

Gastronomie ist professionelles Gastgeben. Wenn wir an die seltenen, wunderbaren Momente denken, bei denen wir als Köche, Refas und Hofas eingeladen werden, dann sind es immer diejenigen, bei denen alle Beteiligten voller Vorfreude, entspannt und genussvoll einen nicht reproduzierbaren Abend miteinander verbringen durften.

Gastronomie neu zu erfinden, bedeutet ein Miteinander von Gästen und Gastgebern auf Augenhöhe zu schaffen, das von einer Kultur des Respekts, der Wertschätzung und der offenen Kommunikation geprägt ist.

Dafür braucht es Räume, Zeit und Orte an denen Menschen sich freiwillig begegnen. Platz für das zur Ruhe kommen und Nachdenken, über das, was wir tun und warum.

Als Koch, Coach und Ideenfabrikant, der genau wie Andrea Brenner und Bernhard Wolf an eine neue, eine gute, saubere und faire Gastronomie glaubt und arbeitet, freue ich mich auf neue Aspekte und Ideen.

Dieses Buch soll uns guttun, soll das Leben und Arbeiten leichter und fröhlicher machen. Viel Spaß damit.

Regensburg, Deutschland   Christoph Hauser
Im Frühjahr 2018

Vorwort

Anti-Stress-Trainer für Gastronomen? Mancher wird sich schon beim Titel fragen ob es sich um ein kleines Satirewerk handelt. Bei dieser Branche handelt es sich doch quasi um das Synonym des Wortes Stress.

Genau deshalb haben wir uns dem Thema angenommen. Denn wir finden, dass es gerade in der Gastronomie mit seinen vielfältigen Belastungen darauf ankommt sorgsam mit Körper und Geist umzugehen.

Der Gastronom an sich, ist ja schon eine besondere Spezies. Denn nur wer wirklich von seinem Naturell her belastbar, ausdauernd und ein bisschen verrückt ist, kann sich diesen Job überhaupt vorstellen. Man könnte die Gastronomen auch als Lebenskünstler bezeichnen, was den Aufgaben und vielfältigen Herausforderungen auch sehr entgegenkommt.

Natürlich stoßen wir alle trotz bester genetischer Grundausstattung auch an unsere körperlichen und psychischen Grenzen. Oft sind die Betriebe relativ klein und es bleibt keine Zeit für Fortbildungen oder Beschäftigung mit dem Thema „Stress-Reduktion" geschweige denn Zeit für Erholung.

Diese Buchserie finden wir besonders charmant, da wir kurz, knackig und unterhaltsam schreiben dürfen und Sie, liebe Kollegen, somit auch ganz leicht und entspannt unsere Lektüre genießen dürfen.

Beim Thema Stress geht es natürlich um die persönlichen Auszeiten, Rückzüge und das viel zitierte Zeitmanagement zur Schaffung eben dieser Freiräume. Mindestens genauso wichtig erachten wir den Stress im täglichen Arbeitsalltag mit Gästen, Personal und bürokratischen Vorgaben zu verringern. Hier ist „Kommunikation" das Schlüsselwort.

Bis vor einem Jahr haben wir gemeinsam eine Gastronomie mit kleinem Hotel geführt und sind im Moment daran ein neues Projekt auf die Beine zu stellen – natürlich wieder mit gastronomischem Konzept, wie könnte es anders sein. Wir – ein Koch mit jahrzehntelanger Gastroerfahrung und eine Ernährungswissenschaftlerin, Gastro-Quereinsteigerin und Coach – arbeiten zusammen als Gastrocoaches und schreiben dieses Buch, weil wir unsere gemeinsame Erfahrung und unsere sich ergänzenden Blickwinkel gerne weitergeben möchten.

Wir wünschen viel Spaß beim Lesen und sind überzeugt, dass einige unserer Anregungen für Sie hilfreich und inspirierend sein können und hoffen, dass Sie der Gastronomie weiterhin treu bleiben.

Im Text verzichten wir ganz bewusst auf die Ausformulierung der weiblichen und männlichen Ansprache wie zum Beispiel „der/die ServicemitarbeiterIn" und sprechen auch manchmal nur von „Service" oder „Küche". Unser höchster Respekt gilt allen Menschen jedes Geschlechts und jeder Hautfarbe – wir finden es einfach nur schöner und einfacher zu lesen ohne die Genderisierung.

Ihre
Andrea Brenner
Bernhard Wolf

Inhaltsverzeichnis

Über die Autoren

Bernhard Wolf ist Gastgeber und Küchenmeister mit Leidenschaft und Passion. In 40 Jahren Gastronomie und Hotellerie hat er das Leuchten in den Augen nicht zu verloren. Diese Kunst möchte er gerne an die Leser weitergeben.

Nach 25 Jahren mit eigenem Hotel und Restaurant hat er den Betrieb Ende 2016 verkauft, eine kleine Pause gemacht und ist zusammen mit Andrea Brenner unterwegs mit kulinarischen Events und ist als Gastrocoach beratend tätig.

Andrea Brenner ist Ernährungswissenschaftlerin (Dipl.oec. troph.) Ihre jahrelange Tätigkeit in der Beratung von Gastronomie, Tagungshäusern und Kantinen und die Führung eines gastronomischen Betriebs mit Bernhard Wolf bilden einen reichhaltigen Erfahrungsschatz.

Eine zusätzliche Coachingausbildung ist die weitere Grundlage für die Begleitung der Gastronomie in Ihren Zielfindungs- und Konzeptionsprozessen sowie Personalschulungen.

Zusammen sind sie als DieGenussprofis selbstständig tätig und stehen für einen praxisnahen und ganzheitlichen Ansatz für Klarheit und Fokussierung. Bei all ihren Events stehen die Leidenschaft und der Spaß für das Tun, die Mitarbeiter und der Gast im Mittelpunkt.

Juli 2018 werden Sie auch wieder mit einem völlig neuen gastronomischen Konzept im Landkreis Miesbach sesshaft werden. Im „machtSINN" wird sich alles um die regionale Wertschöpfung für Mensch, Tier und Umwelt drehen.

1

Kleine Stresskunde: Das Adrenalinzeitalter

Peter Buchenau

Das Konzept der Reihe
Möglicherweise kennen Sie bereits meinen Anti-Stress-Trainer (Buchenau 2014). Das vorliegende Kapitel greift darauf zurück, weil das Konzept der neuen Anti-Stress-Trainer-Reihe die Tipps, Herausforderungen und Ideen aus meinem Buch mit den jeweiligen Anforderungen der unterschiedlichen Berufsgruppen verbindet. Die Autoren, die jeweils aus Ihrem Jobprofil kommen, schneiden diese Inhalte dann für Sie zu. Viel Erfolg und passen Sie auf sich auf.

Leben auf der Überholspur: Sie leben unter der Diktatur des Adrenalins. Sie suchen immer den neuen Kick, und das nicht nur im beruflichen Umfeld. Selbst in der Freizeit, die Ihnen eigentlich Ruhephasen vom Alltagsstress bringen sollte, kommen Sie nicht zur Ruhe. Mehr als 41 % aller Beschäftigten geben bereits heute an, sich in

© Springer Fachmedien Wiesbaden GmbH, ein Teil von Springer Nature 2018
A. Brenner und B. Wolf, *Der Anti-Stress-Trainer für Gastronomen*,
https://doi.org/10.1007/978-3-658-22191-1_1

der Freizeit nicht mehr erholen zu können. Tendenz steigend. Wen wundert es?

Anstatt sich mit Power-Napping (Kurzschlaf) oder Extreme-Couching (Gemütlichmachen) in der Freizeit Ruhe und Entspannung zu gönnen, macht die Gesellschaft vermehrt Extremsportarten wie Fallschirmspringen, Paragliding, Extreme Climbing oder Marathon zu ihren Hobbys. Jugendliche ergeben sich dem Komasaufen, der Einnahme von verschiedensten Partydrogen oder verunstalten ihr Äußeres massiv durch Tattoos und Piercing. Sie hasten nicht nur mehr und mehr atemlos durchs Tempoland Freizeit, sondern auch durch das Geschäftsleben. Ständige Erreichbarkeit heißt die Lebenslösung. Digitalisierung und mobile, virtuelle Kommunikation über die halbe Weltkugel bestimmen das Leben. Wer heute seine E-Mails nicht überall online checken kann, wer heute nicht auf Facebook, Instagram & Co. ist, ist out oder schlimmer noch, der existiert nicht.

Klar, die Anforderungen im Beruf werden immer komplexer. Die Zeit überholt uns, engt uns ein, bestimmt unseren Tagesablauf. Viel Arbeit, ein Meeting jagt das nächste und ständig klingelt das Smartphone. Multitasking ist angesagt und wir wollen so viele Tätigkeiten wie möglich gleichzeitig erledigen.

Schauen Sie sich doch mal in Ihren Meetings um. Wie viele Angestellte in Unternehmen beantworten in solchen Treffen gleichzeitig ihre E-Mails oder schreiben WhatsApp-Nachrichten? Kein Wunder, dass diese Mitarbeiter dann nur die Hälfte mitbekommen und Folge-Meetings notwendig sind. Ebenfalls kein Wunder, dass das Leben einem davonrennt. Aber wie sagt schon ein altes, chinesisches Sprichwort: „Zeit hat nur der, der sich auch Zeit nimmt." Zudem ist es unhöflich, seinem Gesprächspartner nur halb zuzuhören.

Das Gefühl, dass sich alles zum Besseren wendet, wird sich mit dieser Einstellung nicht einstellen. Im Gegenteil: Alles wird noch rasanter und flüchtiger. Müssen Sie dafür Ihre Grundbedürfnisse vergessen? Wurden Sie mit Stress oder Burnout geboren? Nein, sicherlich nicht. Warum müssen Sie sich dann den Stress antun?

Zum Glück gibt es dazu das Adrenalin. Das Superhormon, die Superdroge der High-Speed-Gesellschaft. Bei Chemikern und Biologen auch unter $C_9H_{13}NO_3$ bekannt. Dank Adrenalin schuften Sie wie ein Hamster im Rad. Schneller und schneller und noch schneller. Sogar die Freizeit läuft nicht ohne Adrenalin. Der Stress hat in den letzten Jahren dramatisch zugenommen und somit auch die Adrenalinausschüttung in Ihrem Körper.

Schon komisch: Da produzieren Sie massenhaft Adrenalin und können dieses so schwer erarbeitete Produkt nicht verkaufen. Ja, nicht mal verschenken können Sie es. In welcher Gesellschaft leben Sie denn überhaupt, wenn Sie für ein produziertes Produkt keine Abnehmer finden?

Deshalb die Frage aus betriebswirtschaftlicher Sicht an alle Unternehmer, Führungskräfte und Selbstständigen: Warum produziert Ihr ein Produkt, das Ihr nicht am Markt verkaufen könnt? Wärt Ihr meine Angestellten, würde ich euch wegen Unproduktivität und Fehleinschätzung des Marktes feuern.

Stress kostet Unternehmen und Privatpersonen viel Geld. Gemäß einer Studie der Europäischen Beobachtungsstelle für berufsbedingte Risiken (mit Sitz in Bilbao) vom

04.02.2008 leidet jeder vierte EU-Bürger unter arbeitsbedingtem Stress. Im Jahre 2005 seien 22 % der europäischen Arbeitnehmer von Stress betroffen gewesen, ermittelte die Institution. Abgesehen vom menschlichen Leid bedeutet das auch, dass die wirtschaftliche Leistungsfähigkeit der Betroffenen in erheblichem Maße beeinträchtigt ist. Das kostet Unternehmen bares Geld. Schätzungen zufolge betrugen die Kosten, die der Wirtschaft in Verbindung mit arbeitsbedingtem Stress entstehen, 2002 in den damals noch 15 EU-Ländern 20 Mrd. EUR. 2006 schätzte das betriebswirtschaftliche Institut der Fachhochschule Köln diese Zahl allein in Deutschland auf 80 bis 100 Mrd. EUR.

60 % der Fehltage gehen inzwischen auf Stress zurück. Stress ist mittlerweile das zweithäufigste, arbeitsbedingte Gesundheitsproblem. Nicht umsonst hat die Weltgesundheitsorganisation WHO Stress zur größten Gesundheitsgefahr im 21. Jahrhundert erklärt. Viele Verbände wie zum Beispiel der Deutsche Managerverband haben Stress und Burnout auch zu zentralen Themen ihrer Verbandsarbeit erklärt.

1.1   Was sind die Ursachen?

Die häufigsten Auslöser für den Stress sind der Studie zufolge unsichere Arbeitsverhältnisse, hoher Termindruck, unflexible und lange Arbeitszeiten, Mobbing und nicht zuletzt die Unvereinbarkeit von Beruf und Familie. Neue Technologien, Materialien und Arbeitsprozesse bringen der Studie zufolge ebenfalls Risiken mit sich.

Meist Arbeitnehmer, die sich nicht angemessen wertgeschätzt fühlen und auch oft unter- beziehungsweise überfordert sind, leiden unter Dauerstress. Sie haben ein doppelt so hohes Risiko, an einem Herzinfarkt oder einer Depression zu erkranken. Anerkennung und die Perspektive, sich in einem sicheren Arbeitsverhältnis weiterentwickeln zu können, sind in diesem Umfeld viel wichtiger als nur eine angemessene Entlohnung. Diesen Wunsch vermisst man meist in öffentlichen Verwaltungen, in Behörden sowie Großkonzernen. Gewalt und Mobbing sind oft die Folge.

Gerade in Zeiten von Wirtschaftskrisen bauen Unternehmen und Verwaltungen immer mehr Personal ab. Hetze und Mehrarbeit aufgrund von Arbeitsverdichtung sind die Folge. Zieht die Wirtschaft wieder an, werden viele offene Stellen nicht mehr neu besetzt. Das Ergebnis: Viele Arbeitnehmer leisten massiv Überstunden. 59 % haben Angst um ihren Job oder ihre Position im Unternehmen, wenn sie diese Mehrarbeit nicht erbringen, so die Studie.

Weiter ist bekannt, dass Druck (also Stress) Gegendruck erzeugt. Druck und Mehrarbeit über einen langen Zeitraum führen somit zu einer Produktivitäts-Senkung. Gemäß einer Schätzung des Kölner Angstforschers Wilfried Panse leisten Mitarbeiter schon lange vor einem Zusammenbruch 20 bis 40 % weniger als gesunde Mitarbeiter.

Wenn Vorgesetzte in diesen Zeiten zudem Ziele schwach oder ungenau formulieren und gleichzeitig Druck ausüben, erhöhen sich die stressbedingten Ausfallzeiten, die dann von den etwas stressresistenteren Mitarbeitern aufgefangen werden müssen. Eine Spirale, die sich immer tiefer in den Abgrund bewegt.

Im Gesundheitsbericht der Deutschen Angestellten Krankenkasse (DAK) steigt die Zahl der psychischen Erkrankungen massiv an und jeder zehnte Fehltag geht auf das Konto stressbedingter Krankheiten. Gemäß einer Studie des Deutschen Gewerkschaftsbunds (DGB) bezweifeln 30 % der Beschäftigten, ihr Rentenalter im Beruf zu erreichen. Frühverrentung ist die Folge. Haben Sie sich mal für Ihr Unternehmen gefragt, wie viel Geld Sie in Ihrem Unternehmen für durch Stress verursachte Ausfallzeiten bezahlen? Oder auf den einzelnen Menschen bezogen: Wie viel Geld zahlen Sie für Ihre Krankenversicherung und welche Gegenleistung bekommen Sie von der Krankenkasse dafür?

Vielleicht sollten die Krankenkassen verstärkt in die Vermeidung stressverursachender Aufgaben und Tätigkeiten investieren anstatt Milliarden unüberlegt in die Behandlung von gestressten oder bereits von Burnout betroffenen Menschen zu stecken. In meiner Manager-Ausbildung lernte ich bereits vor 20 Jahren: „Du musst das Problem an der Wurzel packen." Vorbeugen ist immer noch besser als reparieren.

Beispiel: Bereits 2005 erhielt die London Underground den Unum Provident Healthy Workplaces Award (frei übersetzt: den Unternehmens-Gesundheitsschutz-Präventionspreis) der britischen Regierung. Alle 13.000 Mitarbeiter der London Underground wurden ab 2003 einem Stress-Regulierungsprogramm unterzogen. Die Organisation wurde angepasst, die Vorgesetzten auf Früherkennung und stressreduzierende Arbeitstechniken ausgebildet, und alle Mitarbeiter wurden über die Gefahren von Stress und Burnout aufgeklärt. Das Ergebnis war verblüffend. Die Ausgaben, bedingt durch Fehlzeiten der Arbeitnehmer, reduzierten sich um 455.000 britische Pfund, was einem Return on Invest von eins zu acht entspricht. Mit anderen Worten: Für jedes eingesetzte britische Pfund fließen acht Pfund wieder zurück ins Unternehmen. Eine erhöhte Produktivität des einzelnen Mitarbeiters war die Folge. Ebenso verbesserte sich die gesamte Firmenkultur. Die Mitarbeiter erlebten einen positiven Wechsel in Gesundheit und Lifestyle.

Wann hören Sie auf, Geld aus dem Fenster zu werfen? Unternehmer, Führungskräfte, Personalverantwortliche und Selbstständige müssen sich deshalb immer wieder die Frage stellen, wie Stress im Unternehmen verhindert oder gemindert werden kann, um Kosten zu sparen und um somit die Produktivität und Effektivität zu steigern. Doch anstatt in Stresspräventionstrainings zu investieren, stehen landläufig weiterhin die Verkaufs- und Kommunikationsfähigkeiten des Personals im Fokus. Dabei zahlt sich, wie diese Beispiele beweisen, Stressprävention schnell und nachhaltig aus: Michael Kastner, Leiter des Instituts für Arbeitspsychologie und Arbeitsmedizin in Herdecke, beziffert die Rentabilität: „Eine Investition von einem Euro in eine moderne Gesundheitsförderung zahlt sich nach drei Jahren mit mindestens 1,80 EUR aus".

1.2   Überlastet oder gar schon gestresst?

Modewort Stress … Der Satz „Ich bin im Stress" ist anscheinend zum Statussymbol geworden, denn wer so viel zu tun hat, dass er gestresst ist, scheint eine gefragte und wichtige Persönlichkeit zu sein. Stars, Manager, Politiker gehen hier mit schlechtem Beispiel voran und brüsten sich in der Öffentlichkeit damit, „gestresst zu sein". Stress scheint daher beliebt zu sein und ist immer eine willkommene Ausrede.

Es gehört zum guten Ton, keine Zeit zu haben, sonst könnte ja Ihr Gegenüber meinen, Sie täten nichts, seien faul, hätten wahrscheinlich keine Arbeit oder seien ein Versager. Überprüfen Sie mal bei sich selbst oder in Ihrem unmittelbaren Freundeskreis die Wortwahl: Die Mutter hat Stress mit ihrer Tochter, die Nachbarn haben Stress wegen der neuen Garage, der Vater hat Stress, weil er die Winterreifen wechseln muss, der Arbeitsweg ist stressig, weil so viel Verkehr ist, der Sohn kann nicht zum Sport, weil ihn die Hausaufgaben stressen, der neue Hund stresst, weil die Tochter, für die der Hund bestimmt war, Stress mit ihrer besten Freundin hat – und dadurch keine Zeit.

Ich bin gespannt, wie viele banale Erlebnisse Sie in Ihrer Familie und in Ihrem Freundeskreis entdecken.

Gewöhnen sich Körper und Geist an diese Bagatellen, besteht die Gefahr, dass wirkliche Stress- und Burnout-Signale nicht mehr erkannt werden. Die Gefahr, in die Stress-Spirale zu geraten, steigt. Eine Studie des Schweizer Staatssekretariats für Wirtschaft aus dem Jahr 2000 untermauerte dies bereits damit, dass sich 82 % der Befragten gestresst fühlen, aber 70 % ihren Stress im Griff haben. Entschuldigen Sie meine provokante Aussage: Dann haben Sie keinen Stress.

Überlastung … Es gibt viele Situationen von Überlastung. In der Medizin, Technik, Psyche, Sport et cetera hören und sehen wir jeden Tag Überlastungen. Es kann ein Boot sein, welches zu schwer beladen ist. Ebenso aber auch, dass jemand im Moment zu viel Arbeit, zu viele Aufgaben, zu viele Sorgen hat oder dass ein System oder ein Organ zu sehr beansprucht ist und nicht mehr richtig funktioniert. Das kann das Internet, das Stromnetz oder das Telefonnetz sein, aber auch der Kreislauf oder das Herz.

Die Fachliteratur drückt es als „momentan über dem Limit" oder „kurzzeitig mehr als erlaubt" aus. Wichtig ist hier das Wörtchen „momentan". Jeder von uns Menschen ist so gebaut, dass er kurzzeitig über seine Grenzen hinausgehen kann. Jeder von Ihnen kennt das Gefühl, etwas Besonders geleistet zu haben. Sie fühlen sich wohl dabei und sind meist hinterher stolz auf das Geleistete. Sehen Sie Licht am Horizont und sind Sie sich bewusst, welche Tätigkeit Sie ausführen und zudem, wie lange Sie an einer Aufgabe zu arbeiten haben, dann spricht die Stressforschung von Überlastung und nicht von Stress. Also dann, wenn der Vorgang, die Tätigkeit oder die Aufgabe für Sie absehbar und kalkulierbar ist. Dieser Vorgang ist aber von Mensch zu Mensch unterschiedlich. Zum Beispiel fühlt sich ein Marathonläufer nach 20 km überhaupt nicht überlastet, aber der übergewichtige Mensch, der Schwierigkeiten hat, zwei Stockwerke hochzusteigen, mit Sicherheit. Für ihn ist es keine Überlastung mehr, für ihn ist es Stress.

1.3   Alles Stress oder was?

Stress … Es gibt unzählige Definitionen von Stress und leider ist eine Eindeutigkeit oder eine Norm bis heute nicht gegeben. Stress ist individuell, unberechenbar, nicht greifbar. Es gibt kein Allheilmittel dagegen, da jeder Mensch Stress anders empfindet und somit auch die Vorbeuge- und Behandlungsmaßnahmen unterschiedlich sind.

Nachfolgende fünf Definitionen bezüglich Stress sind richtungsweisend:

1. „Stress ist ein Zustand der Alarmbereitschaft des Organismus, der sich auf eine erhöhte Leistungsbereitschaft einstellt" (Hans Seyle 1936; ein ungarisch-kanadischer Zoologe, gilt als der Vater der Stressforschung).
2. „Stress ist eine Belastung, Störung und Gefährdung des Organismus, die bei zu hoher Intensität eine Überforderung der psychischen und/oder physischen Anpassungskapazität zur Folge hat" (Fredrik Fester 1976).
3. „Stress gibt es nur, wenn Sie ‚Ja' sagen und ‚Nein' meinen" (Reinhard Sprenger 2000).
4. „Stress wird verursacht, wenn du ‚hier' bist, aber ‚dort' sein willst, wenn du in der Gegenwart bist, aber in der Zukunft sein willst" (Eckhard Tolle 2002).
5. „Stress ist heute die allgemeine Bezeichnung für körperliche und seelische Reaktionen auf äußere oder innere Reize, die wir Menschen als anregend oder belastend empfinden. Stress ist das Bestreben des Körpers, nach einem irritierenden Reiz so schnell wie möglich wieder ins Gleichgewicht zu kommen" (Schweizer Institut für Stressforschung 2005).

Bei allen fünf Definitionen gilt es zu unterscheiden zwischen negativem Stress – ausgelöst durch im Geiste unmöglich zu lösende Situationen – und positivem Stress, welcher in Situationen entsteht, die subjektiv als lösbar wahrgenommen werden. Sobald Sie begreifen, dass Sie selbst über das Empfinden von freudvollem Stress (Eustress) und leidvollem Stress (Disstress) entscheiden, haben Sie Handlungsspielraum.

Bei **positivem Stress** wird eine schwierige Situation als positive Herausforderung gesehen, die es zu bewältigen gilt und die Sie sogar genießen können. Beim positiven Stress sind Sie hoch motiviert und konzentriert. Stress ist hier die Triebkraft zum Erfolg.

Bei **negativem Stress** befinden Sie sich in einer schwierigen Situation, die Sie noch mehr als völlig überfordert. Sie fühlen sich der Situation ausgeliefert, sind hilflos und es werden keine Handlungsmöglichkeiten oder Wege aus der Situation gesehen. Langfristig macht dieser negative Stress krank und endet oft im Burnout.

1.4   Burnout – Die letzte Stressstufe

Burnout … Als letzte Stufe des Stresses tritt das sogenannte Burnout auf. Nun hilft keine Medizin und Prävention mehr; jetzt muss eine langfristige Auszeit unter professioneller Begleitung her. Ohne fremde Hilfe können Sie der Burnout-Spirale nicht entkommen. Die Wiedereingliederung eines Burnout-Klienten zurück in die Arbeitswelt ist sehr aufwendig. Meist gelingt das erst nach einem Jahr Auszeit, oft auch gar nicht.

Nach einer Studie der Freiburger Unternehmensgruppe Saaman aus dem Jahr 2007 haben 45 % von 10.000 befragten Managern Burnout-Symptome. Die gebräuchlichste Definition von Burnout stammt von Maslach & Jackson aus dem Jahr 1986: „Burnout ist ein Syndrom der emotionalen Erschöpfung, der Depersonalisation und der reduzierten persönlichen Leistung, das bei Individuen auftreten kann, die auf irgendeine Art mit Leuten arbeiten oder von Leuten beeinflusst werden".

Burnout entsteht nicht in Tagen oder Wochen. Burnout entwickelt sich über Monate bis hin zu mehreren Jahren, stufenweise und fortlaufend mit physischen, emotionalen und mentalen Erschöpfungen. Dabei kann es immer wieder zu zwischenzeitlicher Besserung und Erholung kommen. Der fließende Übergang von der normalen Erschöpfung über den Stress zu den ersten Stadien des Burnouts wird oft nicht erkannt, sondern als „normale" Entwicklung akzeptiert. Reagiert der Betroffene in diesem Zustand nicht auf die Signale, die sein Körper ihm permanent mitteilt und ändert der Klient seine inneren oder äußeren Einfluss- und Stressfaktoren nicht, besteht die Gefahr einer sehr ernsten Erkrankung. Diese Signale können dauerhafte Niedergeschlagenheit, Ermüdung, Lustlosigkeit, aber auch Verspannungen und Kopfschmerzen sein. Es kommt zu einer kreisförmigen, gegenseitigen Verstärkung der einzelnen Komponenten. Unterschiedliche Forschergruppen haben auf der Grundlage von Beobachtungen den Verlauf in typische Stufen unterteilt.

Wollen Sie sich das alles antun?

Leider ist Burnout in den meisten Firmen ein Tabu-thema – die Dunkelziffer ist groß. Betroffene Arbeit-nehmer und Führungskräfte schieben oft andere Begründungen für ihren Ausfall vor – aus Angst vor nega-tiven Folgen, wie zum Beispiel dem Verlust des Arbeits-platzes. Es muss ein Umdenken stattfinden!

Wen kann es treffen? Theoretisch sind alle Menschen gefährdet, die nicht auf die Signale des Körpers achten. Vorwiegend trifft es einsatzbereite und engagierte Mit-arbeiter, Führungskräfte und Selbstständige. Oft wer-den diese auch von Vorgesetzten geschätzt, von Kollegen bewundert, vielleicht auch beneidet. Solche Menschen sagen auch nie „nein"; deshalb wachsen die Aufgaben, und es stapeln sich die Arbeiten. Dazu kommt oft, dass sich Partner, Freunde und Kinder über zu wenig Zeit und Auf-merksamkeit beklagen.

Aus eigener Erfahrung kann ich sagen, dass der Weg zum Burnout anfänglich mit kleinsten Hinweisen gepflastert ist, kaum merkbar, unauffällig, vernachlässig-bar. Es bedarf einer hohen Achtsamkeit, um diese Signale des Körpers und der realisierenden Umwelt zu erkennen. Kleinigkeiten werden vergessen und vereinbarte Termine werden immer weniger eingehalten. Hobbys und Sport werden – wie bei mir geschehen – erheblich vernachlässigt. Auch mein Körper meldete sich Ende der neunziger Jahre mit leisen Botschaften: Schweißausbrüche, Herz-rhythmusstörungen, schwerfällige Atmung und unruhiger Schlaf waren die Symptome, die anfänglich nicht von mir beachtet wurden.

Abschlusswort

Eigentlich ist Burnout- oder Stressprävention für Gastronomen ganz einfach. Tipps gibt es überall und Zeit dazu auch. Sie, ja Sie, Sie müssen es einfach nur tun. Viel Spaß und Unterhaltung beim nun folgenden Beitrag von Andrea Brenner und Bernhard Wolf.

Literatur

Buchenau P (2014) Der Anti-Stress-Trainer. Springer, Wiesbaden

2

Gastro-Stresskunde

Man muss nicht verrückt sein um in der
Gastro zu arbeiten, aber es macht alles viel leichter

Der kleinen allgemeinen Stresskunde von Peter Buchenau möchten wir nun noch ein paar Gedanken speziell für die Gastronomie voranstellen. Die Wissenschaft spricht von „Psychosozialen Belastungen" am Arbeitsplatz, die in den letzten Jahren immer weiter in den Fokus gerückt sind. Die ergonomischen Gegebenheiten und damit die Belastungen für den Körper sowie die Arbeitssicherheit finden schon viele Jahre Beachtung. Den Softfacts widmet sich die Arbeitswelt erst seit einigen Jahren intensiver. In großen Industriebetrieben und Unternehmen im Dienstleistungssektor haben all diese Aspekte schon häufig Einzug gehalten. Seit einigen Jahren finden diese

© Springer Fachmedien Wiesbaden GmbH, ein Teil von
Springer Nature 2018
A. Brenner und B. Wolf, *Der Anti-Stress-Trainer für Gastronomen*,
https://doi.org/10.1007/978-3-658-22191-1_2

Themen unter dem Dach des betrieblichen Gesundheits-managements Einzug in die Unternehmen.

Vor allem die Gastrobranche tut sich aufgrund der kleinen Betriebsgrößen unserer Erfahrung nach noch schwer mit dem Thema. Selbstverständlich kümmern wir uns um die Vorschriften der Berufsgenossenschaften vor allem zu Sicherheitsthemen, da diese auch kontrolliert werden. Gesundheitsmanagement und Stressprävention haben wir bisher selten in den Betrieben gefunden. Eigentlich doch unverständlich, weil gerade in unserer Branche die Stressbelastung übermäßig hoch ist. Genau hier beißt sich die Katze in den Schwanz – wegen hoher Arbeitsbelastung haben wir keine Zeit mehr, um uns auch noch während der Arbeitszeit um Stressprävention zu kümmern – es erscheint als zusätzliche Belastung für alle.

Ein Umdenken ist gefragt, deshalb schreiben wir auch dieses Buch. Natürlich verursachen alle unsere aufgeführten Inhalte zusätzliche Arbeit, doch es zahlt sich aus. Denn Sie und Ihre Mitarbeiter werden zufriedener und damit weniger stressbelastet sein. Und ganz besonders werden sich dadurch die Mitarbeiterbindung und -zufriedenheit erhöhen. Die Maßnahmen können den Mitarbeitermangel, der in der Branche herrscht auf jeden Fall ein klein wenig verringern. Natürlich bleiben unbeliebte Arbeitszeiten und längere Schichten im Rahmen des ohnehin engen Arbeitszeitgesetzes bestehen. Es könnte aber passieren, dass Sie ein beliebter Arbeitgeber sind, bei dem die Mitarbeiter gerne Arbeiten, weil Sie Spaß haben, Anerkennung finden, ihr Potenzial gesehen wird und aus vielen anderen positiven Gründen.

Genau diese Aspekte beleuchten wir im Folgenden intensiver, weil wir hier den Schlüssel zum „Anti-Stress" sehen. Mitarbeiter die Verantwortung übernehmen, gut informiert sind und verlässlich zur Arbeit kommen sind nicht nur selbst weniger gestresst, sondern auch die Führungskraft/ Chef hat deutlich weniger Stress. Mit Zeitmanagement und Entspannungsthemen kann man sich erst dann ernsthaft beschäftigen, wenn die Basis stimmt.

Faktoren, die im Gastgewerbe Stress auslösen

- Arbeitszeit: Nacht- und Wochenendarbeit sowie Überstunden
- Arbeitsmenge: zu viel Arbeit, zu wenig Personal und das Arbeiten unter Zeitdruck in Stoßzeiten
- Das Betriebsklima: Zusammenarbeit mit Kollegen, Kolleginnen und Vorgesetzten
- Der Umgang mit Gästen, etwa das Beruhigen eines nervösen oder ärgerlichen Gastes
- Mangelnde Qualifikation der Beschäftigten, die mit Stresssituationen nicht richtig umgehen können
- Schlechte technische Voraussetzungen, zum Beispiel Störungen durch mangelhafte Geräte
Quelle: (BGN 2015)

Diese Aufzählung können Sie und wir sicher noch erweitern, zum Beispiel um die Belastung durch finanziellen Druck.

Die Berufsgenossenschaft empfiehlt als Strategien zum Abbau der Belastungen folgende Fähigkeiten zu fördern. Zum Beispiel das richtige Verhalten in Stresssituationen, die Qualifizierung zu fördern sowie die organisatorischen Voraussetzungen wie rechtzeitige Dienstplangestaltung zu schaffen. Außerdem wird die Verbesserung der Kommunikation und der Teamarbeit empfohlen (BGN 2015).

Mit diesen Punkten und vor allem mit pragmatischen, schnellen Lösungen werden wir uns im Folgenden beschäftigen. Also keine Angst vor langen theoretischen Auflistungen und komplizierten Fragebögen, ASA (Arbeitssituationsanalysen) und ähnlichem.

Und wir wollen Positives, Optimistisches und Frohsinn verbreiten sowohl beim Lesen des Buchs als auch bei den Tipps und Empfehlungen. Also weniger „Anti-Stress", sondern mehr „Pro-Leichtigkeit".

2.1   Von Führen hat keiner was gesagt

In einer Online-Befragung der DEHOGA wurden 530 Inhaberinnen und Inhaber oder leitende Führungskräfte aus gastgewerblichen Kleinbetrieben befragt. Das Ergebnis zeigt, dass die Belastungen mit der sinkenden Betriebsgröße steigen. Die Ressourcen sind hier knapper und die Delegationsmöglichkeiten eingeschränkt. Häufig verzichten die Führungskräfte auf Pausen wegen Arbeitsüberlastung und nur 1/3 der Befragten empfindet, genug Zeit für Familie, Freunde und Freizeit zu haben (LIA 2014).

Verwunderlich sind diese Ergebnisse nicht, da der Zeit- und Kostendruck und die angespannte Personalsituation meist dafür verantwortlich sind. Wie kann es dann funktionieren in der Führung nicht noch einen weiteren Ballast aufgehalst zu bekommen, sondern durch Veränderungen Raum und Zeit für die eigentliche Führungsaufgabe zu schaffen.

Diese Themen betrachten wir in den folgenden Kapiteln eben genau unter diesem Aspekt – um die Führungskraft zu entlasten. Es geht um das Handwerkszeug den Betrieb mit weniger Sand im Getriebe zu führen, denn vor allem dieser Sand ist Verursacher des negativen Stresses. Viele von uns sind klein gestartet, manche sogar nur zu zweit mit einem kleinen Restaurant und viel Enthusiasmus. Wenn der Betrieb dann langsam wächst und ein paar Mitarbeiter hinzukommen, ist man sich meistens nicht bewusst nun neben dem eigenen Arbeitseinsatz auch noch Führungskraft zu sein. Oder wer in eine Führungsposition aufsteigt, beispielsweise zum Restaurantleiter oder Küchenchef, empfindet es aus vielen Gründen oft als schwierig diese Rolle anzunehmen und auszufüllen (BGN 2013).

Delegieren Um an manchen Stellen loslassen zu können, um somit persönlichen Freiraum zu schaffen, müssen erst die Voraussetzungen geschaffen werden, dass es sinnvoll weitergeht. Hierfür empfiehlt Klaus Kobjoll Qualitätsmanagement und Standards. Ohne dieses Einmaleins wissen die Mitarbeiter nicht, wie sie etwas machen sollen. Mit den Standards kann er sagen „Macht, was ihr wollt" (Kobjoll 2009).

Es geht um das Vertrauen gegenüber dem Mitarbeiter, dass er die übertragenen Aufgaben gut, vielleicht sogar besser als man selbst erledigen kann. Nur so können Sie wirklich delegieren, was bedeutet, Aufgaben vollständig an einen Mitarbeiter zu übergeben und ihm ein gewisses Maß an Handlungsspielraum zu geben. Dadurch fördern sie auch gleichzeitig die Motivation der Beschäftigten und schaffen sich Freiraum für andere wichtige Aufgaben oder eine Auszeit (INQA 2017). Sich um alle zu kümmern, bedeutet nicht automatisch mehr Erfolg. Sie haben die Wahl zwischen Delegieren oder Durchdrehen (Schubert 2015).

Literatur

Berufsgenossenschaft Nahrungsmittel und Gastgewerbe (Hrsg) (2013) Gesunder Chef – gesunde Mitarbeiter: Wie Führung auf Gesundheit wirkt

Berufsgenossenschaft Nahrungsmittel und Gastgewerbe (Hrsg) (2015) Checkup – Betriebsärztlicher und sicherheitstechnischer Fernlehrgang für Unternehmerinnen und Unternehmer, Ausgabe Gastgewerbe, Küchenbetriebe und Hotels

Initiative Neue Qualität der Arbeit (Hrsg) (2017) Kein Stress mit dem Stress – Lösungen und Tipps für Betriebe im Gastgewerbe

Kobjoll K (2009) Unternehmensführung heißt für mich, loszulassen. Der F&E Manager 2009(4)

Landesinstitut für Arbeitsgestaltung des Landes Nordrhein-Westfalen (Hrsg) (2014) Chefsache Gesundheit!? – Arbeitssituation von Führungskräften in gastgewerblichen Kleinbetrieben

Sandra S (2015) Happy Sales, Mit positiver Psychologie und Zeitmanagement zum Erfolg im Verkauf. Willey-VCH, Weinheim

3

Der Gast ist König

Nachdem im Zentrum allen Tuns des Gastronomen nun mal der Gast steht, beginnen wir an dieser Stelle gleich mit unseren Kunden und deren vielfältigen Erscheinungsbildern. Er bringt nicht nur das Geld ins Haus, kauft etwas und geht wieder, wie in manch anderer Branche, sondern er verweilt. Somit pflegen wir bei jedem Besuch einen sehr engen Kontakt zum Gast – im Idealfall gehen wir eine Beziehung ein. Genau das ist es, was die Gastronomie so schön und spannend macht, aber auch ein besonderer Stressfaktor sein kann.

Als Gastgeber mit Leib und Seele liegt uns das Wohl des Gastes besonders am Herzen und es trifft uns meist sehr persönlich, wenn der Gast unzufrieden ist. Also setzen wir alles daran, dass der Gast nichts zu beanstanden hat.

© Springer Fachmedien Wiesbaden GmbH, ein Teil von Springer Nature 2018
A. Brenner und B. Wolf, *Der Anti-Stress-Trainer für Gastronomen*, https://doi.org/10.1007/978-3-658-22191-1_3

Grundsätzlich ist dies genau das, was der Gast sucht und eine gute Gastronomie ausmacht. Doch ein unzufriedener oder komplizierter Gast hat meist vielfältige Gründe warum er sich beschwert oder meckert. Geht es wirklich um die Sache und übt er konstruktive Kritik, ist das eine Seite mit der wir lernen müssen relaxed und dankbar umzugehen. Ist der Gast allerdings einfach „nur" schlecht gelaunt und sucht das Haar in der Suppe hat das in Wirklichkeit wenig mit dem Essen oder Service zu tun, sondern mit ihm selbst.

Beide Fälle verursachen Stress und bedürfen der Beleuchtung, wie wir und unsere Mitarbeiter damit stressärmer umgehen können.

3.1   Wieso gibt es heute kein Speckbrot?

Der Nörgler – wo ist das Haar in der Suppe? Auch hier gibt es vielfältige Gründe warum sich ein Gast schon beim ersten Blick in die Speisekarte beschwert. Zunächst einmal ein paar Beispiele aus unserer eigenen Praxis:

Der „Stammgast" – das Gewohnheitstier

Während der Festspielzeit in unserem Ort haben wir den Hotelgästen jahrelang ein besonderes Angebot geschnürt. Neben dem Shutteln zum Festspielhaus, haben wir auch immer den Service einer längeren Restaurantöffnung geboten. So konnten die Gäste nach der Vorstellung noch etwas Essen. Zunächst haben wir immer die komplette Speisekarte auch nachts noch angeboten.

Aus Gründen der Wirtschaftlichkeit und des steuer-
baren Personaleinsatzes hatten wir uns nun entschlossen
eine kleine, feine Abendkarte anzubieten mit täglich
wechselnden Gerichten. Zum einen haben wir günstige
Brotzeiten wie Speckbrot und Suppen gestrichen und nur
noch Gerichte über 10,- Euro angeboten. Den Lesern hier
müssen wir sicher nicht erzählen, dass nur dann die Abend-
öffnung wirtschaftlich ist. Zum anderen haben wir um Vorbestellung bis 16:00 Uhr, also vor Abfahrt zum Konzert
gebeten. Somit konnten wir deutlich besser vorbereiten
und das Küchenpersonal hatte früher Feierabend.

So und nun kamen die Stammgäste angereist und trafen
völlig unvorbereitet auf unsere Neuerung.

Das 1. Wochenende lauteten die Antworten der Gäste
wie folgt: „Wieso muss ich denn jetzt vorbestellen? Ich
weiß doch noch gar nicht was ich heute Abend essen will.",
„Das war doch früher viel besser, das ist aber jetzt doof.",
„Ich habe immer ein Speckbrot gegessen, das geht doch
sicher jetzt für mich als Stammgast trotzdem noch".

Am 2. Wochenende mit wieder anderen Stammgästen
hatten wir folgende Antworten: „Das ist ja ein toller Service", „Wo ist denn die Liste zum Eintragen?", „Was gibt es
denn morgen?" „Können wir heute Abend noch Freunde
aus einem anderen Hotel mitbringen?"

Was war der Unterschied und was war in der Woche
passiert?

Nach dem ersten Wochenende waren wir gestresst, ent-
täuscht und haben innerlich auf unsere Gäste geschimpft.
Wir haben die Situationen besprochen und waren zunächst
geneigt, wieder zum Alten zurückzukehren. Gemäß dem
Glaubenssatz: „Siehst Du, ich hab's ja gleich gesagt, dass es
nur Ärger gibt." Wir wussten natürlich, dass dies nicht die
Lösung sein konnte, denn wir wollten ja etwas ändern, um
den Stress für Personal, Küche und uns zu verringern.

Bei genauer Analyse war es eben nicht so, dass unsere
Gäste zu unflexibel und verbohrt waren, sondern wir
die ganze Sache mit Unsicherheit und mit zu wenig eigener Klarheit gestartet hatten. Wir hatten irgendwie sogar
Angst vor der Gästereaktion. Mit dieser inneren Einstellung

hatten wir unser Personal gebrieft und sind so den Gästen gegenüber getreten. Die Antwort bekamen wir prompt.

Mit diesem Wissen starteten wir das kommende Wochenende völlig anders. Wir überlegten uns welchen Vorteil unsere Neuregelung aus Gästesicht haben könnte. Die Argumente für eine Vorbestellung fanden sich eigentlich leicht und so begrüßten wir die Gäste diesmal so:

„Herzliche Willkommen Frau Mustermann, wir freuen uns, dass sie wieder bei uns sind und möchten Ihnen unsere Neuerung kurz vorstellen. Um den Service für sie noch besser zu machen, haben wir dieses Jahr eine Extra-Festspiel-Speisekarte kreiert. Sie suchen ganz bequem vor Ihrer Abfahrt schon aus und können gleich nach Ihrer Rückkunft am für sie reservierten Tisch Platz nehmen und ohne Wartezeiten speisen. Gerne bereiten wir auch Ihr Fläschchen Wein vor, das dann auch schon am Tisch für Sie bereitsteht."

Mit dieser inneren Einstellung, dem Gast auch wirklich einen Mehrwert zu bieten, haben wir unser Personal gebrieft und sind selbst DAFÜR gestanden. Und siehe da, wir hatten völlig andere Reaktionen. Es lag also nicht an den Gästen, sondern an uns und es hat richtig Spaß gemacht glückliche Gäste bewirten zu dürfen, ohne Stress und mit einem zufriedenen Küchenteam, das zwei Stunden früher als in den Vorjahren Feierabend hatte.

Mit diesem Beispiel möchten wir zeigen, dass es durchaus auch von jedem von uns selbst steuerbar ist, wie der Gast reagiert. Für den, der jetzt denkt: „Das klingt ja alles schön und gut, aber…" – bitte einfach offen sein und bei einem Szenario selbst ausprobieren.

Mit folgenden Fragestellungen können Sie eine Probe machen.

Ihr eigener Praxistest

* Welche konkrete Situation (ähnlich obigem Beispiel) mit einem „schwierigen" Gast ereignet sich bei Ihnen häufiger oder hat sich gerade in den letzten Tagen abgespielt?
* Schreiben Sie diese genau auf. Fragen Sie eventuell noch mal Ihre Mitarbeiter wie genau die Situation sich abgespielt hat.
* Wie war die Situation bei der Ankunft des Gastes?
* Was genau war das Problem?
* Was war der Auslöser?
* Wie ist Ihre Grundeinstellung zu diesem Thema?
* Was könnten Sie ändern, um im Sinne unseres obigen Beispiels die Situation umzukehren?
* Schreiben Sie Ihre neue Version auf. Legen Sie Ihren zukünftigen Ablauf dazu exakt fest.
* Formulieren Sie positiv und stellen Sie den Mehrwert für den Gast heraus.
* Briefen Sie genau Ihr Personal.
* Erfragen Sie nach einigen Tagen, ob eine ähnliche Situation wieder eingetreten ist.
* Wenn ja, wie war die Vorgehensweise und die Reaktion des Gastes?
* Reflektieren Sie die Situation auch mit Ihrem Personal.
* Besprechen Sie das weitere Vorgehen (Justierung, Beibehalten, etc.).

Diese kleine Aufgabe soll ein wenig dazu anregen, neue Wege zu gehen und von einer anderen Seite an stressige Situationen mit Gästen heranzugehen.

Die Spezies Provokateur „Ich weiß alles besser" – „Ich bin was Besonderes"

Gern versuchen Gäste auch mal den Service ins Schleudern zu bringen, durch kritische Fragen oder mit arrogant wirkenden Wünschen alle aus dem Konzept zu bringen.

Die Fragen mit Unterton

„Sie nehmen doch sicher auch Amex – oder scheuen Sie die Gebühren?"

„Woher ist denn Ihr Reh – das haben Sie doch sicher nicht selbst geschossen?"

Solche Fragen werden schon mal gestellt, wenn der Gast schlechte Laune hat, junges Personal ins Schleudern bringen möchte oder einfach gerne den wunden Punkt sucht. Sobald eine solche Frage mit Unsicherheit beantwortet wird, regt das den Gast an fröhlich weiter zu machen.

Wenn der Service zum Beispiel antwortet, dass er nicht weiß welche Karten Sie annehmen oder diese einfach annimmt und die Karte dann vom Gerät abgewiesen wird. Jetzt dann noch den Chef zu fragen oder zu holen, macht die Situation sehr unangenehm und ist schwer wieder zu drehen. Genauso, wenn der Service sagt, ich weiß nicht wo das schussfrische Reh herkommt und der Gast milde lächelt.

Dann geht die Spirale los: Der Service kommt an den Pass, zu Kollegen, in die Küche und erzählt, dass da schon wieder so ein „doofer" Gast sitzt. Jetzt ist der Service eigentlich schon gelaufen. Oft wird es nach außen mit Humor genommen, aber es rumort im ganzen Gefüge. Viele werden mit reingezogen und die Laune ist angeschlagen oder richtig schlecht. Und wer jetzt behauptet, dass man sich nur „auskotzt" wo der Gast es nicht sieht und als Profi da gleich wieder raus geht und keiner es merkt, der irrt.

Solche oder ähnliche Situationen beschäftigten alle Beteiligten oft mehr als gedacht. Wenn das Personal so gestresst ist, dass Tränen fließen, im schlimmsten Fall am nächsten Tag nicht mehr zur Arbeit kommt oder im Netz sich dann entsprechende Bewertungen wiederfinden. Auch wenn wir selbst dann am Gast versuchen alles wieder glattzubügeln, was nur bedingt nötig ist und sowohl Zeit als auch Nerven kostet.

Solche Vorfälle stören immer die Abläufe im gesamten System.

Hier hilft nur, wenn das Personal weiß, wie es auf solche Fragen reagieren soll und wie sie mit solchen Gästen umgehen sollen. Auch an dieser Stelle müssen wir hinterfragen, wie gut das Personal zu welchen Punkten informiert wird. Im obigem Fall könnte die Antwort des Service bei klarer Information lauten: „Wir akzeptieren folgende Karten…". Oder im anderen Fall, wenn eine kurze Geschichte über die Herkunft des Rehs vom Onkel, Nachbarn oder Verwandten erzählt werden kann. Das bedeutet: Auch wenn wenig Zeit ist und speziell die Aushilfen unregelmäßig im Haus sind, müssen wir Wege finden um zu informieren.

Wissen ist die Basis für Sicherheit

- Notieren Sie was Ihre Mitarbeiter wissen müssen, um am Gast zu glänzen und souverän auftreten zu können.
- Vorfälle wie oben beschrieben, sollten Sie zum Anlass nehmen, sie in die Informationsliste mit aufzunehmen.
- Fragen Sie Ihr Personal zu welchen Dingen Sie sich mehr Informationen wünschen, um noch besser am Gast zu sein.

Wir empfehlen zu diesen Themen, wie auch an weiteren Stellen dieses Buchs, ein Manual/Gebrauchsanleitung für Ihren Betrieb anzufertigen siehe Abschn. 4.2.

Ja, es bedeutet Arbeit. Ja, sie lohnt sich. Ja, das Stresspotenzial verringert sich enorm. Und ja, Sie können nicht jede Eventualität voraussehen. Das macht aber nichts, denn Manuals sollen wachsen und sich verändern.

Tipp

Informieren Sie Ihre Mitarbeiter <u>täglich</u> in Briefings vor Servicebeginn zum Ablauf, Neuigkeiten, Specials (siehe auch Abschn. 4.1).

Nutzen Sie die Medien, die Ihr Personal ohnehin auch privat nutzt – zum Beispiel eine WhatsApp-Gruppe. Hier können Sie Speisekarten mit handschriftlich eingefügten Erklärungen zu Produkten oder deren Herkunft abfotografieren und an alle vor Servicebeginn versenden.

Lassen Sie z. B. Ihr Servicepersonal ruhig mal die Weinempfehlung des Tages probieren. Das sorgt für sicheres und kompetentes Auftreten am Gast und sehr wahrscheinlich ganz nebenbei auch noch für Zusatzverkäufe.

3.2 Glutenfreie Weizenpops mit vegetarischem Speckschaum

Nachdem die Sonderwünsche und Nachfragen bezüglich Allergien und Unverträglichkeiten immer häufiger werden und hier ein großes Stresspotenzial für Küche und Service liegt, widmen wir uns diesem Thema ganz besonders.

Zum einen müssen die Allergene auch auf der Speisekarte oder einer Extrakarte ausgewiesen sein (mehr zum Stressfaktor „Listen" lesen in Kapitel Abschn. 7.1…) und zum anderen gehören spezielle Nachfragen vonseiten der Gäste bezüglich einzelner Zutaten oder Inhaltstoffen zum täglichen Geschäft.

Die Allergien Ihrer Gäste lösen bei allen Mitarbeitern oft Stresspusteln aus. Besonders die Küche reagiert „allergisch" auf Nachfragen, Sonderwünsche und Umbestellungen. Daher wird der Service bereits am Gast nervös, weil er weiß was ihm von der Küche „droht". Die wichtigste Devise des Hauses sollte lauten: „Wir diskutieren weder mit dem Gast noch heimlich hinterm Tresen über Sinn und Unsinn der Unverträglichkeit, sondern nehmen diese Wünsche einfach so wie sie sind." Mit Diskussionen, Lästereien und Kämpfen zwischen Küche und Service wird purer Stress erzeugt.

Ein Hauptproblem ist nach unserer Erfahrung, das Erfragen der Zutaten und die Diskussion um die Änderungsmöglichkeiten der Gerichte. Vor allem im laufenden Betrieb bringen diese Nachfragen in der Küche alle aus dem Konzept und auch der Service kommt zeitlich ins Schleudern.

Kennen Sie das?

Der Gast wirft einen Blick in die Speisekarte und frägt beim Service nach: „Welche Gerichte sind denn vegan?" Der Servicemitarbeiter zuckt mit den Schultern und erklärt, er muss schnell in der Küche nachfragen. Mit einem mulmigen Gefühl und dem Gedanken im Kopf „Oh je, schon wieder so ein Verrückter und wie erkläre ich es jetzt der Küche?" geht er in die Küche und stellt die Frage des Gastes. Die Köche sind logischerweise im Stress, müssen sich konzentrieren und haben überhaupt keinen Nerv für diese Fragen. Nun wird erst einmal der Service angefahren und dann eine mehr oder weniger ergiebige Antwort gebrummelt. In dieser Stimmung geht nun der Servicemitarbeiter wieder zum Gast und erzählt ihm das Ergebnis. In diesem Beispiel bleibt die Hoffnung, dass der Gast nun zufrieden damit ist und das Gericht bestellt. Es könnte aber auch noch mehrmals hin- und hergehen. Die Stimmung wird dadurch auf keiner Seite besser. Die nächste Frage ergibt sich dann beim Bonieren: „Was kostet das Gericht?". An wen auch immer diese Frage geht, es kostet Zeit, Nerven und bringt schlechte Laune.

Entspannte Lösung – schon vorab Alternativen definieren Besondere Ernährungswünsche gehören heute zum Alltag und können bereits bei der Speisekartenplanung berücksichtigt werden. So kann zum Beispiel immer ein vegetarisches Gericht im Angebot sein, das durch leichte Abwandlungen vegan wird. Wir empfehlen auch, bestimmte Zutaten wie glutenfreies Mehl, lactosefreie Milch und Sojamilch vorrätig zu haben. Wichtig ist nun, im Vorfeld zu klären wie ein Gericht, durch simplen Austausch oben genannter Zutaten oder das Weglassen einer Zutat umgewandelt werden kann. Wenn die Küche diese Planungen für sich gemacht hat, muss die Information, inklusive Preisen auch dem Service vorab bekannt gegeben werden. Also auch ein Fall für das Briefing oder das Manual.

Unser Beispiel ist auf folgende Weise entstanden:

- Das Küchenteam wählt aus der bestehenden Standardspeisekarte einige Gerichte aus, die leicht abzuwandeln sind.
- Es wird festgelegt wie die Alternativen umsetzbar sind und welche Zutaten hierfür immer vorrätig sein müssen. Hier zum Beispiel glutenfreie Semmelbrösel, glutenfreies Mehl, Sojamilch und Sojasahne.
- Diese Varianten werden schriftlich fixiert und dem Servicepersonal erläutert.
- Eventuelle Preisänderungen werden notiert und in der Kasse gespeichert.

Speisekartenhinweis für den Service (intern)

Auswahl aus der Speisekarte für die Gastwünsche:
glutenfrei, laktosefrei und vegan

Wir haben gleich beim ersten Gastkontakt Angebote für den Gast parat!

Bei der Bestellung in der Küche muss bitte immer der Gastwunsch genau angegeben werden (glutenfrei, Laktosefrei, vegan....)

Italienische Gemüsesuppe, Parmesancroutons
Ist Original: Laktosefrei (Parmesan ist laktosefrei)
Glutenfrei und vegan möglich: ohne Croutons

Ofenfrischer Schweinebraten, Bayrisch Kraut, Semmelknödel
Gluten- und lactosefrei: mit Kartoffeln anstatt Semmelknödel

Schweineschnitzel „Wiener Art", Speckbratkartoffeln
Glutenfrei möglich: glutenfreies Mehl und Brösel im Haus
Lactosefrei möglich: Bratkartoffeln in Öl gebraten

„Pute im Nest" – der verleiht Flügel, Feldsalat mit Balsamico-Dressing, geröstetem Sesam, Putenbruststreifen vom Grill
Ist Original: Gluten- und Lactosefrei

Gekochter Kalbstafelspitz, Bouillonkartoffeln, frisch geriebener Meerrettich
Ist Original: Gluten- und lactosefrei

Waldfrische Pfifferlinge in Kräuterrahm, Semmelknödel
Glutenfrei möglich: mit Kartoffeln anstatt Semmelknödel
Lactosefrei und vegan möglich: mit Sojasahne im Kräuterrahm und Kartoffeln statt Semmelknödel

Kaiserschmarrn mit hausgemachtem Kompott nach Saison
Glutenfrei möglich: mit glutenfreiem Mehl
Lactosefrei möglich: mit Margarine/Öl zum Braten und Sojamilch statt Kuhmilch
Gluten- und laktosefrei möglich: beides

Grundsätzlich verwenden wir bei Nudelgerichten Hartweizengrieß-Nudeln, somit sind diese vegan

Beispiel für Speisekarten-Varianten bei Sonderwünsche

Viel Zeit und emotionaler Stress können eingespart werden, wenn der Servicemitarbeiter bereits bei der ersten
Frage des Gasts einen Vorschlag parat hat. Zum Beispiel:
„Wir können Ihnen das Schnitzel auch glutenfrei anbieten,
die Küche bereitet es dann mit glutenfreiem Mehl und
Semmelbröseln zu". Der Gast wird in den allermeisten Fäl-
len damit zufrieden sein und sich ernst genommen fühlen.

3.3   Beschwerdemanagement

Die beiden vorangegangen Abschnitte decken sicher schon
einige häufige Praxisfälle ab und beugen Beschwerden
und Unzufriedenheit vor. Natürlich gibt es eine Vielzahl
von weiteren Beschwerdefeldern – ob berechtigt oder
unberechtigt. Es geht darum sie möglichst stressarm zu
behandeln.

Es macht mir nichts aus, beschimpft zu werden, denn als
Kellner nimmt man nichts persönlich. Außerdem ist es ja
sowieso meine Schuld, wenn Sie schlechte Laune haben.
Ja, ich weiß, dass "Sie Volltrottel" nur ein kleiner Scherz
war, und weil Sie so witzig waren, geht das Dessert natürlich aufs Haus. Wie immer. Ohne Sahne, gerne (Quelle:
facebook, Gruppe Gastro Wahnsinn).

Die Gastrobranche hat ja bekanntlich einen ganz
besonderen Humor entwickelt, um mit allen Belastungen
und Unwägbarkeiten umzugehen. Eine gesunde Por-
tion davon ist sicher in der Branche hilfreich, allerdings
stellt es nicht die Lösung zur Bekämpfung des Frust-
potenzials dar. Diese Facebook-Gruppe ist nur ein Ort

von vielen, an dem Gastronomen, auch Führungskräfte, ihre Nöte in scherzhaften oft auch bissigen Kommentaren mit Ihresgleichen teilen. Wir lesen das auch immer wieder mal amüsiert und manchmal auch erschrocken, denn wir erkennen dies als Ausdruck von Resignation. Lassen wir doch lieber unseren Branchen-Humor im Team und am Gast im positiven Sinne spielen und gehen mit Beschwerden aktiv um. Denn dann sind sie auch schneller wieder abgehakt und belasten nicht weiterhin.

Ein festgelegtes Prozedere für den Beschwerdefall ist das A und O dafür. Jedem Mitarbeiter sollte ein schriftlich fixierter step-by-step-Plan bekannt sein, wiederum ein Baustein für Ihre hauseigene Betriebsanleitung (Manual), die wir in Abschn. 4.2 genauer erläutern.

Beschwerden – eine Chance noch besser zu werden Grundsätzlich muss eine Beschwerde ernst genommen werden und oft steckt in ihr auch Potenzial zur Verbesserung.

> **Professionelles Verhalten bei Beschwerden**
>
> 1. Freundlich und ruhig bleiben, den Gast ausreden lassen, aktiv zuhören
> 2. Verständnis zeigen, Anteil nehmen (Ich kann verstehen, dass Sie ärgerlich sind…)
> 3. Nachfragen und konkretisieren, falls der Sachverhalt noch nicht ganz klar ist
> 4. Beschwerde annehmen ohne Diskussion
> 5. Lösungsmöglichkeiten aufzeigen, zusammen mit dem Gast eine Lösung finden (Gericht nochmals zubereiten, anderes Gericht, Nachlass, Entschädigung anbieten…)
> 6. Entschuldigen und für die Beschwerde bedanken
> 7. Keine Schuldzuweisungen unter den Kollegen, ruhig und sachlich miteinander bleiben

8. Follow up: Beschwerde notieren, weitergeben, im Team besprechen
9. Gegebenenfalls Änderungen vornehmen
Quelle: (Dietl 2017)

Beispiel

Ein großes Beschwerdepotenzial hat die Würzung der Speisen – das Essen sei zu salzig oder umgekehrt zu wenig gewürzt. Über Geschmack kann man bekanntlich nicht streiten, also heißt es den Gast nicht mit Ausreden oder Erklärungen zu nötigen. Stattdessen diese Kritik einfach annehmen und nach dem festgelegten Vorgehen zu behandeln. Auch die Küche sollte solche Beschwerden ohne persönliche Angriffe auf Ihre Würde hinnehmen können. Wir wissen, dass dies schwerfällt – es hilft aber ungemein.

Zur Bearbeitung bzw. späteren Besprechung empfehlen wir diese Beschwerde zum Beispiel auf einem kleinen Blatt neben der Kasse zu notieren, um dies dann in den regelmäßigen Teammeetings (siehe Kap. 5) zu besprechen, zu bewerten und entsprechende Veränderungen vorzunehmen. So wird nicht wild diskutiert und geschimpft, sondern das Thema dann mit Abstand zum Vorfall besprochen. Es könnte ja tatsächlich der Fall sein, dass ein und dieselbe Beschwerde häufiger vorkommt und dann eine kleine Rezepturänderung die Lösung ist. Natürlich kann es auch eine Einzelbeschwerde sein, die kurz besprochen wird und somit abgehakt werden kann. Das Aufschreiben ist extrem hilfreich, auch wenn es ein wenig kleinlich klingt. So geht nichts verloren, es rumort nichts bei den Teammitgliedern und die Vorgänge sind nach der Besprechung vom „Tisch" und damit aus dem System aller beteiligten Personen.

Umgang mit Beschwerden muss geübt werden Da Beschwerden ein sehr hohes Stresspotenzial bergen, empfehlen wir zum einen das Prozedere für ihr Haus festzulegen und allen Mitarbeitern bekannt zu machen. Zum anderen entsteht durch aktives Üben des Vorgangs Sicherheit, Verständnis und Ruhe für die nächste Beschwerde – also wieder eine Vorbeugung von Stresssituationen.

Dazu bietet sich das Rollenspiel ausgezeichnet an. Keine Angst vor Spielchen und gekünstelten Phrasen. Es ist wirklich einfach, macht Spaß und bringt einen echten Aha-Effekt. Probieren Sie es in einem Teammeeting aus, sie benötigen maximal eine halbe Stunde dafür. Das Rollenspiel eignet sich für die Lösung zahlreicher Konfliktsituationen.

Mit einem „Rollenspiel" gehen Sie der Sache auf den Grund. Es geht darum zu erfahren was genau passiert ist, gesagt worden ist und was mitschwingt. Wenn Sie das Vorgehen bei Beschwerden am Gast üben wollen, hilft es nicht lediglich den Punktekatalog theoretisch auswendig zu lernen. Zudem werden einige Themen-Widerstände auslösen, denn es besteht die Angst vor der Reaktion des Gastes oder des Sich-Blamierens. Mit dieser Übung können die Bedenken aufgelöst werden und die Chance, dass der Ablauf in der Realität auch wirklich durchgeführt wird ist deutlich größer. Man lernt zu beschreiben, was man sieht, ohne dabei eine Wertung abzugeben und kann in Rollenwechseln die Sichtweise der anderen Seite erleben (Becker und Sage 2011). Wenn Sie Bedenken haben zur Methode oder selbst noch nie konkret eine solche Beschwerdeszene erlebt haben, dann probieren Sie erst einmal im stillen Kämmerlein mit Partner oder Bekannten aus. Wenn Sie persönlich wissen wie hilfreich das Rollen-spiel ist, dann können Sie es gezielt mit Ihren Mitarbeitern durchführen.

In die jeweiligen Rollen schlüpfen

- Wählen Sie bzw. ihre Mitarbeiter eine Begebenheit aus der jüngsten Vergangenheit.
- Sprechen Sie die Originalszene kurz durch. Achten Sie darauf, dass diese nur kurz angerissen wird und keine Diskussionen oder Streitereien untereinander entstehen.
- Je nachdem wie viele Personen beteiligt waren (Service, Küche...) spielen die Betroffenen sich selbst und ein Unbeteiligter den Gast. Er bekommt ein kurzes Briefing welcher Charakter er ist und was er gesagt hat. Weitere Teammitglieder sind Beobachter.
- Die Szene wird jetzt gespielt. Bitte darauf achten, dass nicht diskutiert wird, einfach drauf losspielen. Sie benötigen keine Kulissen.
- Nach Beendigung der Szene erzählen die Spieler, wie sie sich in der Szene gefühlt haben – ohne Schuldzu-weisungen beim eigenen Erleben bleiben.
- Die Szene wird dann noch mal gespielt wobei die Perso-nen, die die Beschwerde annimmt mit dem Punktekatalog „Professionelles Verhalten bei Beschwerden" arbeitet.
- Danach wird wieder abgefragt wie jeder Beteiligte sich fühlt. Dabei ist auch interessant wie der Gast sich fühlt und unter Umständen bzw. sehr wahrscheinlich werden seine Antworten und seine Laune anderes sein als im ursprünglichen Fall.
- Es wird beim 1. Mal nicht gleich perfekt klappen. Dann einfach noch ein paar Mal durchspielen.
- Spannend ist es auch für den Beschwerdeannehmenden einmal den Gast zu spielen und zu erleben wie der Gast sich auf der anderen Seite fühlt.
- Einen besonderen Aha-Effekt bietet der Rollentausch zwischen Küche und Service
- Zum Abschluss das Ergebnis und die Erkenntnisse im Team besprechen

Selbstverständlich gibt es Grenzen für die Toleranz dem Gast gegenüber – dann wenn er die Grenze des Respekts überschreitet, betrunken ist oder persönlich und anzüglich wird. Hier gilt es darüber zu sprechen, wo diese Grenzen erreicht sind und wie und wann „Nein" gesagt wird. Auch solche schwierigen Situationen können im Rollenspiel nachgespielt und geübt werden.

> Präsenz und Einfühlungsvermögen gelingt umso besser, wenn wir neugierig auf den Menschen gegenüber sind. Neugierig auf seine Gedanken, Gefühle und Persönlichkeit. Und neugierig sein auf den Wunsch, den wir erfüllen können. So können spontane Aha-Momente mit dem Gast entstehen – ziemlich sicher ein Garant für positives Feedback (Schubert 2015).

Literatur

Becker S, Sage M (2011) Coaching, Erfolg im 21. Jahrhundert. Sokrates, München

Dietl (2017) Coaching und Training für Hotel und Dienstleistung, Souverän und erfolgreich im Umgang mit Beschwerden. trainQ

Schubert S (2015) Happy Sales, Mit positiver Psychologie und Zeitmanagement zum Erfolg im Verkauf. Willey-VCH, Weinheim

4

Wer hat an der Uhr gedreht

Die **Zeit** ist der Dreh- und Angelpunkt in der Gastronomie. Meist ist der Begriff negativ belegt und wird zum Reizwort, wie Zeiterfassung, Arbeitszeitgesetz, Zeitnot. Diese Ressource ist in unserer Branche immer knapp, sodass die positiven Seiten wie Freizeit, Familienzeit, Urlaubszeit eher zu kurz kommen.

Zeitmangel ist der Stressparameter schlechthin. Neben dem sichtbaren Tagesgeschäft sind die Zunahme der Aufgabenvielfalt durch Bürokratisierung Kap. 7 und der Personalmangel Kap. 5 dafür verantwortlich. In diesem Kapitel geht es darum die Zeitfresser zu identifizieren, Abläufe zu optimieren und persönliche Pausen zu integrieren.

© Springer Fachmedien Wiesbaden GmbH, ein Teil von Springer Nature 2018
A. Brenner und B. Wolf, *Der Anti-Stress-Trainer für Gastronomen*,
https://doi.org/10.1007/978-3-658-22191-1_4

Beispiel

Wenn es etwas gibt, was wir in unserem Beruf sehr schnell verlieren, ist es das Gleichgewicht zwischen Tun und Nichts-Tun. Wenn ich mir heute Zeit für mich nehme, dann weiß ich, wie ich das anstellen muss – das NICHTSTUN. Ich habe gelernt, Voraussetzungen zu schaffen, damit ich mich wohl fühle. Ich weiß, dass ich eine bestimmte Struktur brauche. Wenn sie auftaucht, diese Sehnsucht nach der Auszeit, nehme ich sie ernst und gönne mir Zeit.

Eine Stunde, einen Nachmittag oder ein paar Tage – einfach „offline" gehen!

(Quelle: Aus dem privaten Impulsbuch von Bernhard Wolf)

Das klingt ja fast wie aus einem Märchen – werden Sie jetzt denken. Zugegeben ist es nicht leicht, diese Sätze auch in die Realität umzusetzen, vor allem als Koch oder Chef und natürlich gelingt es nicht immer. Dennoch ist die Achtsamkeit gegenüber sich selbst ein zentraler Punkt und entscheidender Lernfaktor. Gesunde Selbstführung sozusagen muss geübt werden. Dazu mehr in Abschn. 4.3.

4.1   Die Zeit läuft davon

Damit die Zeit nicht zu schnell verrinnt und wichtige Dinge liegen bleiben, müssen wir lernen unsere Aufgaben und die des Personals gezielt zu tackten. Das heißt, Leerlaufzeiten für Routinearbeiten zu nutzen und Abläufe zu optimieren. Darin sind Gastronomen ohnehin schon ziemlich gut aufgestellt, denn in Küche und im Service sind dies sehr wichtige Grundvoraussetzungen für das reibungslose Gelingen. Auch wenn es mal nicht hundertprozentig klappt, für einen Branchenfremden ist es durchaus beeindruckend. Multitasking und strukturiertes Arbeiten kennen wir also.

Und trotzdem gibt es noch Themen mit Potenzial, um den Zeitdruck etwas zu entschärfen. Das was in den einzelnen Abteilungen meist gut funktioniert, kann auch untereinander verzahnt werden. Das heißt, eine Tages-, Wochen- oder Monatsplanung für den gesamten Betrieb hilft Zeitfresser zu entschärfen.

Die Wochen- und Monatsplanung liegt natürlich bei den Chefs und Führungskräften. Hierzu gibt es viele gute Bücher und Lehrgänge mit den Themenkomplexen Zeitplanung und Zeitmanagement. Diese möchten wir in diesem Buch nicht detailliert behandeln, sondern auch auf Bücher des Verlags verweisen.

Grundsätzlich fühlen wir alle immer wieder, dass wir doch besser planen sollten und nehmen uns dies immer wieder vor. Der Hauptgrund warum wir es nicht tun ist sicher der Zeitmangel. Und schon sind wir wieder in der Spirale drin. Wie können wir Zeit einsparen durch bessere Planung, wenn wir keine Zeit zur Planung haben? Nur wenn wir diese Schleife persönlich durchbrechen, können wir uns ernsthaft mit Zeitmanagement beschäftigen.

> Unser persönlicher Tipp zur Selbstüberlistung: Fixieren und kommunizieren sie feste wöchentliche Meetings mit den Mitarbeitern zur Besprechung der wöchentlichen Aufgaben und Ziele. So nehmen Sie sich selber in die Pflicht.

To-do-Listen Grundsätzlich ist es sehr hilfreich To-do-Listen zu erstellen, da sie durch das Aufschreiben den Kopf frei bekommen und sicher sein können nichts zu vergessen. Auch das hilft gegen Stress, weil es das ständige Gedankenkreisen und die Angst vor dem Vergessen nimmt.

In welchem Format Sie genau Ihre To-do-Liste führen, sollten sie für sich selbst ausprobieren. Ob elektronisch oder handschriftlich, auf dem Computer, im Smartphone auf einer Tafel oder einem Block. Wichtig ist auf jeden Fall, dass Sie alles an einem Ort zusammenführen. Vor allem, wenn Sie während des Tages schnell zwischendurch etwas auf einen Zettel schreiben, diesen spätestens am Abend übertragen. Das gilt natürlich auch für die Zettel und Notizen der Mitarbeiter.

Unser ganz persönlicher Umgang mit den To-do's

- Wir haben uns für Notizbücher entschieden, in die wir alles eintragen was gerade zu notieren ist. Vom Telefonat bis zu einer Info, die noch weiter zu geben ist.
- Dinge, die bis zu einem bestimmten Termin erledigt sein müssen, tragen wir als Outlook-Termin mit entsprechender Erinnerung in den Kalender ein (Überweisungstermine, Bestelltage, Müllleerung). Eventuell beteiligte Personen werden über die Funktion „Teilnehmer einladen" informiert.
- Alle fliegenden Zettel werden sobald wie möglich in das Buch eingetragen und die Zettel weggeworfen. Für uns eine immense Zeitersparnis, denn wie oft haben wir schon Zettel gesucht und wie viel Zeit hat uns diese Suche gekostet.
- Neben dem Reservierungsbuch liegt im Restaurant ein Buch für Notizen. Wenn es irgendwie im Ablauf geht, trägt auch das Personal dort alles ein.

- Für Unterwegs notieren wir alle wichtigen Menschen, Dinge und Themen, die uns begegnen in einer Notizapp auf dem Handy.
- Sehr wichtig: Wir streichen alle erledigten Punkte durch und freuen uns abends bewusst über die Anzahl der erledigten Aufgaben.
- Danach erstellen wir eine To-do-Liste für den nächsten Tag auf einer neuen Seite im Büchlein. Sie resultiert aus den offenen Punkten und den neuen Notizen des Tages. Die alte Liste streichen wir quer durch oder reißen die Seite bewusst aus dem Büchlein.
- In den Feierabend gehen wir mit dem positiven Gedanken der erledigten Punkte und dem Wissen, dass die offenen Punkte für morgen notiert sind und wir sie somit über Nacht nicht in unserem Kopf aktiv speichern müssen.

Briefing – ein festes Ritual um Zeit zu sparen Vor allem die Küche und der Service sind in hohem Maße aufeinander angewiesen, sodass die Planung von Abläufen unbedingt miteinander verbunden werden muss. Daher sollte **täglich** ein kurzes Briefing der Teams (Küche, Service, Banquette, Chef, …) stattfinden. Dieses Prozedere ist übrigens schon im 2–4-Personen-Kleinbetrieb sehr hilfreich. Gerade hier denkt man oft, alle wissen Bescheid oder sie werden schon miteinander sprechen. Mit detaillierten Absprachen und Informationen an das gesamte Team kann enorm Zeit gespart werden – und das täglich.

Zunächst erscheint das Briefing als Zeiträuber und vor allem vonseiten der Küche werden häufig Einwände dagegen laut, weil sie in Ihrem Flow gestört werden. Wenn ein Briefing allerdings zum festen Ritual wird und alle damit im Anschluss zügiger, zielgerichteter und zufriedener arbeiten können, werden die Widerstände schnell verschwinden.

Sinn und Zweck dieser Übung ist es, dass alle Beteiligten unter weniger Zeitdruck geraten, was in der Folge weniger Stress bedeutet. Weniger Nachfragen, Verwirrungen und klare Abläufe führen auch wiederum zu einem geringeren Zeitaufwand der Führungskraft für Kontrollen, Nachfragen, „Brandlöschen" und vieles mehr. Daraus ergibt sich eine klare Zeiteinsparung im operativen Geschäft und mehr Zeit für Administratives oder eine wunderbare Auszeit (Abschn. 4.3).

Wissenschaftlich ist sogar belegt, dass die Unterbrechung einer Arbeit noch weitere 2 min Rückbesinnung auf die Arbeit bedeutet, wenn man wieder zum Thema zurückkehrt (Schubert 2015). In der Praxis bedeutet eine Rückfrage oder Nachfrage bei Ihnen oder einem anderen Mitarbeiter von 3 min eine Arbeitsunterbrechung von 5 min für beide Seiten. Mit guter Kommunikation und Briefings lässt sich hier also einige Zeit gut machen.

Definition

Bei einem *Briefing* handelt es sich um eine Kurzeinweisung (Kurzbesprechung) vor einem wichtigen Ereignis. Das Wort leitet sich aus dem Englischen ab – brief = kurz.
    Es handelt sich um eine **kurze** Einsatzbesprechung.

So läuft ein Briefing ab

- Täglich zu festgelegter Zeit
- Genau definierte Länge (15 min maximal)

- Ein Mitarbeiter übernimmt die Moderation (am besten immer gleicher Ablauf)
- Alle Besonderheiten des Tages werden von den Teams angesprochen (Tagesgerichte, Reservierungen, spezielle Gastwünsche etc.)
- Besprechung des Tagesablaufs
- Die Aufgaben werden genau verteilt evtl. notiert
- Festes Endritual (Spruch, positiver Teamslogan, etc.)

Essen – ständig verfügbar und trotzdem keine Zeit Wir haben hier nur ein paar wenige Aspekte des Zeitmanagements angesprochen. Das Thema Ernährung möchten wir auf jeden Fall aufgreifen. Als Ernährungswissenschaftlerin liegt es natürlich nahe, mich dazu zu äußern. Die Wichtigkeit einer „gesunden Ernährung" ist jedem bekannt, wird aber meist mit schlechtem Gewissen hintangestellt. Wir finden, dass dies vor allem in der Gastronomie, an der Quelle des Essens, auf keinen Fall sein darf.

Der Zeitfaktor ist auch hier der Hauptverhinderer, weil Pausen oft unregelmäßig oder gar nicht gemacht werden. Natürlich wissen wir, dass im Mittag- oder Abendservice keine Zeit dafür ist, doch auch hier geht es wieder um Planung. Wir möchten an dieser Stelle keine Ernährungsgrundlagen auflisten oder Kalorientipps geben. Unser Credo: Sie und Ihre Mitarbeiter planen das Essen täglich fest ein und es gilt die Regel, dass dabei an einem Tisch Platz genommen wird. Es geht darum, sich Zeit nehmen, Pause zu machen, dem Körper sinnvolle Nährstoffe zuzuführen und bewusst zu essen.

Unser Slogan in der Beratung von Unternehmen lautet: Ihre Firma **ist** nur so gut wie Ihr Team **isst**.

Neben der besseren körperlichen und vor allem geistigen Leistungsfähigkeit durch eine vernünftige Mahlzeit erleben wir uns und unsere Mitarbeiter zufrieden und gesättigt auch weniger abgelenkt durch die ständigen hungrigen Gedanken und die „Nahrungssuche" in der Küche. Große Häuser bieten häufig eine Mitarbeiterverpflegung in Form einer Kantine, sodass die Versorgung grundsätzlich gegeben sein sollte. Hier möchten wir ausdrücklich darauf hinweisen, dass wir ein schmackhaftes und gutes Angebot für selbstverständlich erachten. Wer seine Mitarbeiter gut versorgt, trägt übrigens auch ganz nebenbei zur Mitarbeiterbindung und -findung bei, denn es spricht sich herum.

Bieten Sie Ihren Mitarbeitern und sich selbst täglich eine gute und ausgewogene Mahlzeit an. Stimmen Sie Pausenzeiten mit der Küche und dem Tagesplan ab, sodass auch wirklich Zeit zum Essen im Sitzen bleibt. Stellen Sie alkoholfreie Getränke zur Verfügung, um regelmäßiges Trinken sicherzustellen. Wenn Sie für sich oder Ihre Mitarbeiter hier Defizite erkennen, thematisieren Sie es in einem Teammeeting.

Teamessen – die gemeinsame Pause

Eine bestimmte Essensroutine in das Leben eines Gastronomen zu bekommen, ist gar nicht so einfach. Obwohl wir an der Quelle sitzen ist regelmäßiges Essen nicht selbstverständlich, sondern eher die Ausnahme. Nicht nur der Koch ist geneigt den ganzen Tag ein Häppchen hier und ein Häppchen da zu essen. Es gibt ja oft etwas zu probieren, das dann allerdings nur kurzfristig ein wenig satt macht. In unserem kleinen Haus hatten wir deshalb ein Teamessen um 16:00 Uhr vor dem Abendservice eingeführt. Teilgenommen hat, wer zu dieser Zeit im Haus gearbeitet hat und oft auch das Servicepersonal, das extra hierfür gerne auch mal vor Dienstbeginn eingetrudelt ist. Zu den Aufgaben des Küchenteams gehörte auch das Kochen für das Team – lecker, abwechslungsreich, „Resteverwertung", ausprobierte neue Kreationen, simple Gerichte.

Wir haben meistens mitgegessen und so hatten auch wir einen fixen Tagestermin zum Essen. Beim gemeinsamen Essen befinden sich zudem alle Anwesenden auf Augenhöhe und es entwickeln sich immer wunderbare Gespräche. Wir haben so unsere Mitarbeiter und sie uns auf einer anderen Ebene kennen gelernt. Gemeinsam zu essen hat nicht nur in den Familien einen hohen sozialen Stellenwert.

Auf diese Weise sind wir alle satt und mit der nötigen Pause in den Abendservice gestartet. Das haben wir übrigens fast jeden Tag geschafft, bis auf die Weihnachtsfeiertage oder bei großen Tagesveranstaltungen.

4.2   Heute so und morgen so

Einer der größten Zeitfresser und Stresspotenziale sehen wir in unklaren Anweisungen und fehlender Kommunikation. Denn was für Sie als Führungskraft in Ihrem Kopf klar festgelegt ist, muss der Mitarbeiter auch wissen. Wenn er ungenügende Informationen hat, kann er auch nicht in Ihrem Sinne handeln – es kommt zu ständigen Nachfragen im Team oder bei Ihnen. Das bedeutet Arbeitsunterbrechungen, Ablenkungen, unnötige Nebenschauplätze, Zeitverlust, Stress und Unzufriedenheit. Dieses Thema haben wir bereits mehrfach angesprochen, weil es auf allen Ebenen zum Tragen kommt und für uns der Schlüssel zum Stressabbau ist.

Das Einzige was hier hilft sind klare Definitionen von Prozessen und Standards. Ohje – schon wieder Mehrarbeit für Sie!!! Ja, mit Aussicht auf deutlich mehr Spaß.

Beispiel

Es gibt unzählige Dinge, oft auch nur Kleinigkeiten, die sich lohnen schriftlich zu fixieren und zu einem Standard zu machen. Mir ist zum Beispiel irgendwann einmal aufgefallen, dass unsere Frühstückskraft sich am Telefon nicht so meldet, wie wir es schon vor einem halben Jahr festgelegt hatten und die Reservierungen ohne Telefonnummer notiert. Der Grund war ganz einfach – die langjährige Mitarbeiterin wusste nichts von der Änderung, weil sie bei den nachmittäglichen Teammeetings nie dabei ist. Ich habe ihr es dann erzählt und daraufhin beschlossen generell unser Begrüßungsprozedere und die Gastansprache in unsere „Betriebsanleitung" aufzunehmen. So steht es allen Mitarbeitern auch mal zum Nachlesen zur Verfügung und neue Aushilfen wissen auch gleich Bescheid. Auf diese Weise konnten wir bei einer Kleinigkeit zukünftig schon viel Zeit und Reibungsverlust einsparen.

Ganz besonders deutlich wurde uns der Sinn und Zweck von schriftlichen Standards als wir im letzten Jahr 3 Monate Interimsmanagement in einem Restaurant machten und dort eine halbtägige Übergabe im Galopp durch den Betrieb bekamen. Wir notierten so viel wie möglich mit, doch dies war natürlich nicht genug. Das hatte zur Folge, dass wir im Anschluss uns viele Stunden beim Personal durchfragen mussten wie die Standards sind, wer für was zuständig ist und vieles mehr. Dies führte auch zu zeitaufwendigen Einzelgesprächen und Gesprächsrunden. Interessant, aber nicht verwunderlich war auch die Tatsache, dass jeder Mitarbeiter seine eigenen Definitionen und Vorgehensweisen entwickelt hatte. Einfache Fragestellungen wer, wie oft und wann zuletzt zum Beispiel die Schankanlage gereinigt hat, konnte uns nicht genau beantwortet werden. Wir mussten jede kleine Tätigkeit hinterfragen und haben dazu zunächst auch viel Misstrauen geerntet. Die Mitarbeiter hatten schlicht und ergreifend Angst vor Kontrolle und Mehrarbeit.

Nach und nach haben wir zusammen mit den Kollegen zum Beispiel Listen mit den täglichen und wiederkehrenden Arbeiten erstellt. Der Effekt war erleichternd für alle. Jeder kannte seine Aufgaben, konnte einige in Leerlaufzeiten abarbeiten oder auch einen Kollegen um Hilfe bitten und wir konnten schnell sehen was erledigt war und was noch anstand. Die endlosen kraftraubenden Diskussionen über Zuständigkeiten waren vorbei und alle konnten sich in guter Stimmung einfach nur Ihrer Arbeit widmen. Sowohl wir als auch alle Mitarbeiter verspürten deutlich weniger Stress und mehr Vertrauen.

Unser Fazit: Bei diesem Projekt lag unser gewaltiger Stressfaktor in der völlig undurchsichtigen Lage in der Kommunikation, schwammigen Arbeitsprozessen, Arbeitsverteilungen und dadurch einem chaotischen Miteinander aller Beteiligten. Mit den ach so ungeliebten Listen, deren Erstellung natürlich auch Zeit beanspruchte, sank unser Stresslevel in direkter Korrelation zum steigenden Spaßpotenzial.

Das Handbuch – Ihre Betriebsgrundlage Wie Sie Ihr Handbuch/Manual/Gebrauchsanleitung auch immer nennen, fangen Sie klein an und ergänzen Sie nach und nach. Grundsätzlich soll und muss es sich entwickeln, verändern und dient dazu die Spielregeln des Betriebs aufzuzeigen und zu kommunizieren. Erstellen Sie ein Manuskript zunächst zusammen mit den Führungskräften, um es dann mit den Mitarbeitern durchzusprechen und zu ergänzen. So kommunizieren Sie zum einen die Grundsätze und

Richtlinien, zum anderen erhöhen die detaillierten Informationen die Transparenz und Akzeptanz.

Um ein Handbuch zu erstellen, können Sie sich im Netz ein wenig von den Kollegen anderer Betriebe inspirieren lassen. Vor allem von größeren Hotels und Ketten finden sich einige Beispiele, die Ihnen als Vorlage dienen können. Lassen Sie sich inspirieren, schreiben Sie aber nicht ab. Ihre eigene Betriebsanleitung ist Ihr ganz persönlicher Fußabdruck – auch was die Sprache betrifft. Für uns sind einige davon zu restriktiv geschrieben – soll heißen es finden sich nur Vorschriften und Verbote und wenig Motivierendes. Daher lieber ein kleines und feines Werk verfassen in Ihrer eigenen Sprache.

Fragestellungen zur Erstellung Ihres Handbuchs

- Wer sind wir – unsere Philosophie/Leitbild und Werte? Abschn. 5.3
- Wie ist der Umgang im Team definiert? Abschn. 5.3
- Wie sind unser Spirit, Unternehmenssprache definiert? Abschn. 5.3
- Was würde Sie als neuer Mitarbeiter interessieren?
- Wie gehen wir mit Beschwerden um? Abschn. 3.3
- Welche Verhaltens- und Umgangsformen leben wir? Abschn. 5.3
- Wie läuft ein Briefing ab? Abschn. 4.1
- Wie läuft ein Teammeeting ab? Abschn. 5.2
- Welche Hardfacts und Abläufe sollen schriftlich fixiert werden?
- ....

Mit den Hardfacts meinen wir Arbeitslisten der Abteilungen, äußeres Auftreten und Arbeitskleidung, Müllsortierung, Arbeitssicherheit, Umgang mit der Kasse und vieles mehr. Zur Philosophie und den Werten finden Sie in den angegebenen Kapiteln noch weiteren Lesestoff.

> **Handbücher dienen der Arbeitserleichterung**
>
> Jeder Mitarbeiter sollte sich damit identifizieren können und wissen, dass er sich an der Weiterentwicklung beteiligen kann. Alle Regeln, die in dem Werk aufgeführt sind, sind einzuhalten und müssen von der Führungskraft kontrolliert und nachgehalten werden.

4.3   Wer weniger als 16 h arbeitet ist faul

In der Gastronomie ist das Arbeitspensum enorm und speziell die Chefs arbeiten deutlich länger und dies oft ohne Pause. Irgendwie schwingt da sogar noch häufig das schlechte Gewissen mit, die anderen arbeiten zu lassen und selbst eine Pause zu machen oder die Angst als Faulpelz da zu stehen. Wir wissen auch, dass solche Gedanken völlig widersinnig sind, können sie aber nicht verdrängen. Und dann noch die viele Arbeit, die ja sonst liegen bleibt.

Auch wenn wir es gewohnt sind ein hohes Pensum in hoher Taktung zu gehen, können der Körper und der Geist dies auf längere Frist nicht durchhalten. Es gibt unzählige Studien die belegen, dass zwischen den Anspannungsphasen Erholungsphasen (Pausen) eingebaut werden müssen, um wieder auf ein Niveau zu kommen, das volle Leistungsfähigkeit wieder möglich macht.

Eine Studie der BAuA zeigte eindeutig, dass mit Kurzpausen, die mit einer Reduktion der tatsächlich produktiven Gesamtarbeitszeit einhergehen, kein Produktivitätsverlust verbunden ist (BAuA 2016).

Sie können mit einer kurzen Pause die Dinge in der gleichen Zeit erledigen, weil sie nach der Pause wieder produktiver sind und die Zeit wieder reinholen. Also nehmen Sie sich unbedingt Ihre täglichen Auszeiten!!

Auszeit – was ist das? Was macht der Trainer einer Sport-
mannschaft, wenn er sieht, dass es nicht rund läuft?
Richtig! Er nimmt eine Auszeit! Der gute Trainer sieht
so eine Entwicklung schon im Voraus, reagiert auf aktu-
elle Gegebenheiten und justiert seine Mannschaft taktisch
neu. Dasselbe sollten Sie auch tun. Fangen Sie jedoch bei
sich selbst an und Ihre Mannschaft wird es Ihnen danken.

Mit Auszeit meinen wir, bewusstes Innehalten, eine
temporäre Reizunterbrechung, spontan oder geplant
machen was man will, Abwechslung zum ganz normalen Wahnsinn oder einfach mal nur allein sein. Wir, die
wir immer und überall umgeben sind von Gästen, Mitarbeitern, Familie, Lieferanten usw. sollen plötzlich allein
sein? Geht das überhaupt? Viele von uns können sich das
gar nicht mehr vorstellen und doch birgt es so viel Potenzial. Es ist ja nicht so, dass wir immer sofort auf unser
wahrscheinlich nicht allzu großes, soziales Netzwerk
zurückgreifen können.

> **Das Date mit mir selbst**
>
> Verabreden Sie sich mit Ihnen selbst: Es ist etwas
> Besonderes einfach bei sich zu sein: Tagträumen, nichts
> machen „müssen", ohne Einfluss von außen… Sie werden
> sehen wie es Ihnen immer mehr gelingt sich darauf einzu-
> lassen, neue Kraft daraus zu schöpfen oder neue Ziele fest-
> zulegen. Doch machen wir uns nichts vor. Es ist vor allem in
> der ersten Zeit nicht immer leicht, die sich einschleichende
> Einsamkeit auszuhalten. „Habe ich auch wirklich alle ein-
> gewiesen? Ist alles bestellt? Sollte ich die Zeit nicht lieber
> mit meinem Partner verbringen?" Halten Sie durch, suchen
> Sie sich keine Ersatzbeschäftigung (fernsehen, telefonieren,
> facebooken o. ä.) und Sie werden sehen wie schnell sich

das Blatt wendet. Langsam aber stetig steigt die Stimmung wieder, denn wenn Sie die Einsamkeit erst mal besiegt haben, weicht sie einem unglaublichen Gefühl von Kraft und Stärke. Dann sind Sie auch wieder bereit, sich über die wichtigen Dinge im Leben klar zu werden. „Einfach sein".

Geben Sie Ihrer Zeit Struktur. Auch ich habe mir es eingerichtet, dass ich mir täglich nachmittags eineinhalb Stunden frei geschaufelt habe. Und egal was ich in dieser, MEINER Zeit gemacht habe, ich habe es bewusst getan. Und dabei spielt es keine Rolle, ob man nun einfach faulenzt, schläft, spazieren geht oder auch mal auf einen Kaffee in den Ort. Je öfter man es macht, umso einfacher und wirkungsvoller wird es. Warten Sie nicht länger. Tun Sie es einfach. Zugegeben fällt es anfangs nicht leicht und die Ruhe will sich manchmal partout nicht einstellen.

Wir haben es nicht gelernt nichts zu tun und deshalb macht es uns ein schlechtes Gewissen. Und trotzdem hören Sie nicht auf es zu tun. Suchen Sie sich Ihr Entspannungsplätzchen, Ihren Kraftort und es werden sich nicht für möglich gehaltene Ergebnisse einstellen. Nehmen Sie sich ein Buch, das Sie anregt, machen Sie eine Meditation und seien Sie einfach Sie selbst.

Jeder Mensch braucht etwas anderes dafür. Jede Veränderung braucht Zeit. Nehmen Sie sich die Zeit, vor allem mit sich selbst. Zeit um sich zu justieren und seine Ziele nicht aus den Augen zu verlieren. Tun Sie es regelmäßig und hinterfragen Sie, ob der Weg den Sie gehen noch der Richtige ist.

Bevor Sie Ihr erstes Date mit sich selbst machen, soll Ihnen eine kleine Checkliste behilflich sein. Denn wie bei so vielen Dingen im Leben gilt es herauszufinden, was und wie es für Sie passt. Es hilft einfach nicht sich eine Entspannungs-CD einzulegen oder Yoga zu machen, wenn das für Sie eher eine Qual ist. Im Gegenteil kann es sogar eher Stress bedeuten und Sie werden es nur sehr selten tun bzw. nach kurzer Zeit wieder völlig beiseiteschieben. Stellen Sie sich daher lieber selbst ein paar einfache Fragen und machen Sie, was Ihnen gut tut – denn genau darum geht es.

So kreieren Sie IHRE persönliche Auszeit

Was bewegt mich dazu?

- Will ich wirklich nichts tun?
- Will ich das Richtige tun anstatt das Nötige?
- Bin ich bereit auch mal Sinnloses zu tun?
- Akku leer aber noch so viel zu tun?

Was brauche ich dazu?

- Bewegung?
- Stille?
- Ortswechsel?
- Allein sein?
- Wann war ich das letzte Mal richtig entspannt und was hat dazu geführt?

So starte ich

- Mit welchen Schritten will ich klein anfangen? Erste Schritte für eine kleine Auszeit!

Wenn Sie das Gefühl haben im Hamsterrad zu laufen, von allen Seiten an Ihnen gezerrt wird und jeder etwas von Ihnen will, spätestens dann ist es Zeit sich rauszunehmen um nicht noch weiter in einen Strudel zu geraten. Frédéric Lenoir, ein französischer Soziologe, betont: „Wir haben Angst vor den Momenten völliger Entspannung, weil wir sie als verlorene Zeit empfinden. Stattdessen sollten wir lernen, sie als gewonnene Zeit wahrzunehmen".

Literatur

Bundesanstalt für Arbeitsschutz und Arbeitsmedizin (BAuA) (Hrsg) (2016) Psychische Gesundheit in der Arbeitswelt – Pausen

Schubert S (2015) Happy Sales: Mit positiver Psychologie und Zeitmanagement zum Erfolg im Verkauf. Willey-VCH, Weinheim

5

Mitarbeiter – pflegen statt verbrennen

Die Freude bei der Arbeit ist der größte Schutzfaktor vor Stresssymptomen mit seinen negativen Auswirkungen auf Gesundheit und Lebensfreude. Zugleich ist sie der größte Freisetzer von Leistung und Potenzial (BGN 2. Auflage).

5.1 Eine aussterbende Spezies

25 % weniger Schankwirtschaften in Bayern, 500 Gemeinden in Bayern ohne Dorfgasthaus, dabei leben 560.000 Menschen vollständig vom Tourismus. Nackte Zahlen, die Bände sprechen. Mehr als in vielen anderen Branchen findet in der Gastronomie eine Umverteilung von unten nach oben statt. Sechs Jahre hintereinander meldet die Tourismusbranche Rekordzahlen. Fakt ist

© Springer Fachmedien Wiesbaden GmbH, ein Teil von Springer Nature 2018
A. Brenner und B. Wolf, *Der Anti-Stress-Trainer für Gastronomen,*
https://doi.org/10.1007/978-3-658-22191-1_5

jedoch auch, dass die Zahl der gastronomischen Betriebe, allen voran das Dorfgasthaus, immer mehr zurückgeht. Die Zuwachsraten gehen in den Städtetourismus und im gastronomischen Bereich in Systemer und Catering. Diese Entwicklung mag vielfältige Gründe haben und doch zeigt sie auch, dass es für die kleinen, klassischen Gastronomen immer schwieriger wird sich zu halten. Die Zeiten in denen man aufgesperrt hat und es dann von alleine lief sind einfach vorbei. Da helfen auch gut gemeinte Kampagnen wie „Zukunft für das bayerische Gastgewerbe" nicht. Deren Ziel ist es „Beratungs- und Fördermöglichkeiten zu bündeln und mittels eines Fachkräfte-Navigators Betriebe und geeignete Mitarbeiter zusammen zu bringen". Auch hier wird wieder deutlich, dass an den Auswirkungen gearbeitet wird anstatt die Ursachen in Angriff zu nehmen. Und wenn der Verband empfiehlt zusätzliche Dienstleistungen wie Paketannahme oder Tante-Emma-Laden anzubieten, kann man darüber nur lächeln (DEHOGA 2018).

Also warum tun wir uns das eigentlich an?

Einige Gespräche mit Kollegen auf einer Fachmesse vor ein paar Tagen haben uns sehr nachdenklich gemacht. Bei der Frage wie es Ihnen so geht traf uns erst einmal eine geballte Ladung Frust und unzählige Geschichten über Personalmangel, wie sie die Weihnachtszeit „überlebt" haben, mehrere Wochen Kur wegen psychischer Belastung und Probleme bei der Nachfolgersuche. Wir verabschiedeten uns und waren erst einmal völlig geplättet und irgendwie froh, dass wir diesen Wahnsinn nicht mehr mitmachen müssen. Wir hatten unser bisheriges Objekt verkauft, weil für uns die Personalsituation und die fehlenden Investitionsmöglichkeiten aufgrund der geringen

Bonitätseinstufung der Branche der Knackpunkt waren. Wir werden wie schon im Vorwort geschrieben der Gastronomie treu bleiben, aber mit einem völlig anderen Konzept, das für uns und die Kunden besser in die Zeit passt. Insgesamt wird sich unserer Meinung nach die Branche weiter stark verändern, sodass viele Ihr Profil anpassen und schärfen sollten. Auch neue, frische Konzepte sind gefragt – ob in bestehenden Objekten oder bei Neueröffnungen. Sicher werden viele von uns auch heute schon die Öffnungszeiten überdenken. Nicht erst seit dem neuen Arbeitszeitgesetz ist die Mittagsöffnung vielerorts auf den Prüfstand zu stellen – der Trend geht zum schnellen Essen im Imbiss. Kooperationen mit Vereinen, Kommunen und Unternehmen zählen auch weiterhin, wir müssen nur etwas anders netzwerken. Wie in anderen Branchen üblich müssen wir auch rausgehen zu Veranstaltungen, Netzwerktreffen um uns zu zeigen, ins Gespräch zu kommen und auch zu hören, was der potenzielle Kunde sich wünscht.

Für uns ist die Erkenntnis und Botschaft klar: Die Branche steckt im Wandel, wird sich Trends anpassen und Lamentieren ist im Sinne der positiven Psychologie der Gesundheit nicht zuträglich.

Zur Inspiration empfehlen wir hier auch die Geschichte von Bodo Jansen mit seinem „Upstalsboom Weg", weil er ein Beispiel aus der Branche zeigt. Seine beiden Bücher „Die stille Revolution" und „Stark in stürmischen Zeiten" haben wir in diesem Buch auch an einigen Stellen zitiert. Ein weiterer Vordenker der Branche ist Klaus Kobjoll, der mit seinem Hotel Schindlerhof anschaulich demonstriert wie neue Wege erfolgreich beschritten werden können.

Und weil wir gerade schon dabei sind, möchten wir Ihnen noch ein wenig Lektüre für Ihre Auszeit schmackhaft machen. Wir lesen gerne Bücher über erfolgreiche Unternehmer und ihren Weg. Denn sie sind meist Querdenker und mussten viele Hürden bis zum Durchbruch nehmen – solche Geschichten inspirieren uns. Zum Beispiel die Geschichte von Howard Schultz und Starbucks, „Geht nicht, gibt's nicht" von Richard Branson oder Rudolf Schenkers Geschichte, dem Gründer der Scorpions, in „Rock your life".

Zur Schärfung des Profils gehört natürlich auch ganz klar das Thema „Umgang mit Mitarbeitern", „Profilentwicklung" in Form eines Leitbilds, womit sich die nächsten Kapitel beschäftigen.

5.2 Der Koch hat einen Namen – der Service heißt „Hallo"

Die Überschrift und folgende Abbildung könnten auch aus einem Witzblatt stammen, sind sie aber nicht. So oder so ähnlich geht es immer noch in vielen Gastronomiebetrieben tagtäglich zu. Nun werden die Köche gleich sagen, das ist doch meistens nur witzig gemeint oder ist eben normal, wenn es gerade stressig ist. In nur wenigen Branchen hält sich so hartnäckig der Glaube, dass dieser Umgangston einfach dazu gehört im stressigen Geschäft und wer es nicht aushält ist am falschen Ort.

„Wo kämen wir denn da hin mit dem Kuschelkurs?" Das sehen wir völlig anders, denn diese Art der Kommunikation macht etwas mit den Menschen – Angst, Stress, Minderwertigkeitsgefühle und vieles mehr. Nicht erst seit der wachsenden Problematik des Personalmangels und dem damit verbundenen Themen Mitarbeiterbindung und Fluktuation sollte auch unsere Branche für ein gutes Betriebsklima sorgen.

Teamgeist statt Angstkultur Einen großen Einfluss auf das Wohlbefinden und die Leistungsfähigkeit hat der angstfreie Umgang mit anderen Personen im Unternehmen, der Umgang mit Gästen und Kollegen. In einer angstfreien Unternehmenskultur kann sich jeder voll entfalten (Jansen 2016). Angst dagegen lähmt und erhöht die Fehlerquote.

Eine wertschätzende Grundhaltung sich selbst und anderen Menschen gegenüber ist der Schlüssel zu einem respektvollen Umgangston. „Der Ton macht die Musik" ist keine neue Erkenntnis, doch immer noch nicht ganz einfach in die Praxis umzusetzen. Sie können hier für sich und ihr Team Grundregeln im Umgangston formulieren, die sie dann auch in das Leitbild Abschn. 5.3 unter „Teamsprache" aufnehmen können. Am besten tun Sie das gemeinsam im Team – ein wunderbares Thema für ein Teammeeting unter dem Motto: „Wie sprechen wir miteinander".

Das Teammeeting – mal etwas anders Im Gegensatz zum täglichen Briefing Abschn. 4.1 geht es im Teammeeting nicht um Hardfacts ohne Emotion aus dem Tagesgeschäft, sondern um die Softfacts. Es geht um alle Themen, die das Team beschäftigen – Positives und Negatives. Im Teammeeting geht es um Feedbacks und die Kultur wie mit ihnen umgegangen wird. Das muss selbstverständlich geübt werden, besonders weil wir eine echte Feedbackkultur nur wenig kennen. Die Kunst dabei besteht darin eine Teamsprache zu schaffen mit der niemand beschuldigt, kritisiert oder sein Verhalten kommentiert wird (Becker 2011).

Teammeeting – 3 Fragen für jeden Teilnehmer:

1. Jeder, der am Meeting teilnimmt, erzählt zunächst „Was hat bei mir nicht geklappt?" (in einem festgelegten Zeitraum: gestern, heute…). Was wir damit meinen ist erklärungsbedürftig und muss sofort hinterfragt werden, wenn die Antworten nicht klar sind oder jemand anderes damit angegriffen wird. Bekannt ist der Begriff „Ich-Botschaft", d. h. ich erzähle nur von mir. Nicht darüber, dass das Hähnchen heute verbrannt ist, weil ein Kollege mich abgelenkt hat. Der Satz müsste lauten: „Das Hähnchen ist mir verbrannt, weil ich mir nicht den Timer gestellt habe oder ich mich habe ablenken lassen obwohl ich wusste, dass ich mich auf die eine Sache konzentrieren muss." Wir hoffen, es wird verständlich, was gemeint ist. Natürlich braucht es Zeit zur Etablierung.

2. Die Antwort auf die Frage an sich selbst „Was hat bei mir gut geklappt?" ist fast noch schwieriger, denn wir sind nicht gewohnt zu loben und schon gleich gar nicht uns selbst. Sich selbst für etwas anzuerkennen, ist eine große Aufgabe. Meist tun wir es nur, wenn wir etwas Großes geschafft haben. Es geht hier um die Anerkennung von kleinen Dingen des Alltags, etwa „ich habe die komplette Stube eingedeckt und mich nicht ablenken lassen". Man könnte das als Selbstverständlichkeit ansehen und doch macht es uns stolz etwas geschafft zu haben. Denken Sie einfach an sich selbst und Ihre persönliche Einschätzung am Abend was sie alles geschafft haben. Oder ist eher das Nicht-Geschaffte präsent.

3. Jeder Teilnehmer spricht eine Anerkennung an ein anderes Teammitglied aus. Das geht meistens am Schnellsten – und doch ist es nicht immer einfach. Dabei darauf achten, dass jeder eine Anerkennung erhält.

Grundsätzlich sollten die Antworten nicht mehr als 5 Sätze umfassen. Wie gesagt, das muss geübt werden. Wenn Sie diese Vorgehensweise einmal wöchentlich fixieren, wird Feedback eine andere Form annehmen.

Es gibt natürlich noch viele andere Formen von Teammeetings, wichtig ist, dass es immer einer festen Struktur folgt. Eine fröhliche Plauderrunde ist jedenfalls nicht gemeint und lediglich ein Zeitfresser.

Eine weitere Möglichkeit, vor allem Konflikte oder schwierige Situationen im Teammeeting anzusprechen, ist das Abschn. 3.3 beschriebene Rollenspiel.

> Mit den beiden Tools „Teammeeting" und „Rollenspiel" können viele Konflikte entschärft werden und ein respektvolles Miteinander geübt und gelebt werden. Eine große Hilfe Stresspotenzial zu verringern – auch für die Führungskraft

Hieraus kann im Team ein Gefühl der Verbundenheit entstehen, das Bodo Jansen als ein Grundbedürfnis der Mitarbeiter sieht. Dazugehören hat große Bedeutung (Jansen 2016).

5.3 Jeder tanzt nach seiner eigenen Pfeife

Standards und Strukturen sind sehr wichtig für Klarheit und geringeres Stresspotenzial. Auch wir sind von Natur aus keine Liebhaber von Listen und Texten, sondern arbeiten lieber kreativ und freuen uns, wenn der Laden brummt und wir Action haben. Doch genau dann brauchen wir diese definierten Vorgehensweisen damit wir uns nicht in alltäglichem Kleinkram verzetteln oder mit hausgemachtem Chaos rumschlagen müssen. Wenn alles Grundlegende definiert ist können wir und unsere Mitarbeiter kreativ und mit Spaß arbeiten. Das Leitbild von dem wir hier reden soll keine Fessel für uns und die Mitarbeiter sein, sondern eine Befreiung um unbeschwerter, mit Spaß an den Gästen und mit den Kollegen arbeiten zu können.

Wir meinen nicht die oftmals zu Papier gebrachten Selbstverständlichkeiten im blumigen Gewand. Wie leicht ist es doch „Wir wollen das beste Haus in … sein" zu schreiben. Ergänzt durch: „Dafür machen wir Fortbildungen und …". Wozu brauchen wir also dieses komplizierte Machwerk. Wollen wir eine Werbebroschüre für den Gast erstellen, ein Papierwerk für die Schublade oder ein wirkliches Werk für das Miteinander und eine respektvolle Unternehmenskultur?

Das Leitbild erzählt unsere Geschichte Ein gutes Leitbild beschreibt die „Soll-Identität", das Einzigartige und den „Kurs" eines Unternehmens (INQA 2017). Ein

Leuchtturm, der auch in stürmischer See die Richtung weist. Denn nur wenn unsere Mitarbeiter unsere Motivation, unsere Werte und unsere Ziele verstehen und mitgestalten, kann eine Begeisterung entstehen, die sich auf unsere Gäste überträgt. Authentizität, Glaubwürdigkeit, Gemeinsamkeit sind dabei die Schlagworte. Es soll ein „Regelbuch" für den Unternehmensalltag sein. Eine Anleitung für das gemeinsame Handeln, den Umgang mit den Kollegen und Gästen und auch den Problemen die damit verbunden sind. Jeder der bestehenden, aber vor allem jeder neue Mitarbeiter erhält so sofort einen Einblick in die unternehmerischen Ziele und wie sie erreicht werden sollen. Höhere Motivation und Loyalität führt zu einer geringeren Fluktuation und damit zu deutlich verringertem Rekrutierungsstress.

Fragestellungen und Hilfen zur Leitbildentwicklung

- Für welche Werte stehen Sie?
- Was ist das Einzigartige an Ihrem Haus?
- Welchen Umgang und Miteinander wünschen Sie sich?
- Welche kurzfristigen und langfristigen, konkreten Ziele stecken Sie sich?
- Wie sollen Sie von außen wahrgenommen werden?

Werte im hier gemeinten Sinn, sind die Motive für unser Handeln (Becker 2011). Zur Wertefindung empfehlen wir ein kleines Spiel mit Karten, das Sie zunächst allein oder im Führungskreis durchführen können. Jeder notiert seine 20 Werte auf 20 Kärtchen. Danach werden die 10 wichtigsten ausgewählt und in einer weiteren Runde die 5 Wichtigsten. Formulieren Sie sehr konkret und nicht zu allgemein.

Nun können Sie beginnen aus den Fragestellungen und Erkenntnissen einen ersten Rohentwurf zu formulieren. Dieser ist dann Arbeitsgrundlage für Führungstreffen oder auch Teammeetings.

Und vergessen Sie nicht: Das Leitbild ist ein Instrument, das sich stetig weiterentwickelt. Wenn es nicht regelmäßig aktualisiert, angepasst und überarbeitet wird, ist es schnell nicht mehr das Papier wert auf dem es steht. Halten Sie sich kurz und knapp – je verständlicher es geschrieben ist, desto leichter kann sich jeder Ihrer Mitarbeiter damit identifizieren. Das Leitbild soll Teil des Betriebshandbuchs/ Gebrauchsanleitung/Manual in Abschn. 4.2 sein.

> **Tipp**
>
> Kreieren Sie bei Ihren Teammeetings zum Beispiel einen „Wert der Woche" auf den Sie dann in der folgenden Woche besonderes Augenmerk legen. Gehen Sie dabei auf vorangegangene Ereignisse ein.
>
> Wählen Sie „Wertebotschafter" im Team, die sich um die Realisierung „seines Wertes" im Betrieb kümmert und Ansprechpartner für seine Kollegen zum jeweiligen Thema ist.

Gemeinsame Werte verbinden

Je stärker ein Team wächst, desto wichtiger werden verbindende und verbindliche Vereinbarungen. Leben Sie dies als Vorbild und Sie werden sehen, dass vieles leichter wird.

Literatur

Becker S (2011) Die Chefin: Der Weg zur eigenen Existenz. Sokrates, München

Berufsgenossenschaft Nahrungsmittel und Gastgewerbe (Hrsg) Kein Stress mit dem Stress – Eine Handlungshilfe für Führungskräfte, 2. Aufl.

BHG Pressemitteilung, DEHOGA-Bayern (Hrsg) (2018) http://www.dehoga-bayern.de/uploads/media/PE_Bayern_foerdert_Wirtshauskultur_StMWi.pdf. (2/2018)

Initiative Neue Qualität der Arbeit (Hrsg) (2017) Kein Stress mit dem Stress – Lösungen und Tipps für Betriebe im Gastgewerbe

Jansen B (2016) Die stille Revolution – Führen mit Stil und Menschlichkeit, 2. Aufl. Ariston, München

6

Wer soll das bezahlen?

Der Marktwert des Gastronomen ist im Keller. Fernsehsendungen zum Thema „Restauranttest" tragen auch nicht gerade zu einer Aufwertung bei. Natürlich sieht der geneigte Zuschauer auch was alles dahinter steckt und wie hart die Gastronomie kalkulieren muss, eine Imageaufwertung bringt das jedoch unserer Meinung nach nicht.

Wir müssen das Fachwissen und die Kompetenz des Gastronomen zeigen und uns trauen dafür einen angemessenen Preis aufzurufen. Ein riesiges, stressbelastetes Thema. Es geht schlicht und ergreifend um die Existenz, also das Leben und Überleben von uns und unseren Mitarbeitern.

© Springer Fachmedien Wiesbaden GmbH, ein Teil von
Springer Nature 2018
A. Brenner und B. Wolf, *Der Anti-Stress-Trainer für Gastronomen*,
https://doi.org/10.1007/978-3-658-22191-1_6

6.1   Viel Aufwand für nichts

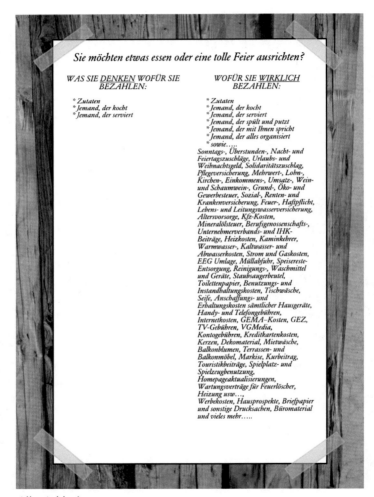

Alles Inklusive

Der Preis ist heiß Welche Schlüsse können wir also aus den viel gesehenen Fernsehsendungen ziehen? Im Grunde geht es immer um die gleichen Geschichten – die Kollegen haben ein ähnliches Angebot, sodass man sich nicht abheben kann. Echte Kalkulation, die auch noch die aufgeführten Nebenkosten berücksichtigt, findet nicht immer statt. Und selbst wenn, richtet sich die Preisgestaltung dann oft nach der Einschätzung was der Kunde vermeintlich bereit wäre zu bezahlen oder nach den Preisen des Kollegen. Es geht dabei ja immer um den finanziellen Erfolg des Unternehmens – und Misserfolg erzeugt Stress. Nach einer Studie von Eileen Chou von der Universität Virginia führt die finanzielle Unsicherheit sogar zu direkten körperlichen Schmerzen und zu einem erhöhten Schmerzempfinden (Wirtschaftswoche 2016). So ist es nicht verwunderlich, dass eine finanzielle Schieflage gravierende Auswirkungen auf unser Leben und auf unsere Gesundheit hat.

Eine gute Kalkulation ist die wichtigste Grundlage für unseren Erfolg. Je genauer Sie dabei Ihre Zahlen und Kostenfaktoren kennen, desto besser können Sie damit arbeiten. Auch gibt es dafür viele Hilfen im Netz von der einfachen kostenlosen Exceltabelle z. B. unter www.gastro-hero.de bis hin zur professionellen Controlling- und Planungssoftware unter www.eagle-control.de. Dann gilt es diese Erkenntnisse auch ehrlich anzunehmen und selbst nichts schön zu reden.

Mit diesem fundierten Wissen gilt es nun sich nach außen selbstbewusst zu geben und für Ihren Preis und Wert zu stehen. Zugegeben nicht ganz einfach, aber lebensnotwendig.

Feilschen wie auf dem Bazar – in welcher Branche gibt es das sonst noch? Können wir nicht am Preis noch was machen? Fragen Sie einen Gast, der bei einer Planung einer Feier in Preisverhandlungen tritt, ruhig mal auf welche Leistung er dann verzichten möchte. Allein die Frage nimmt den Meisten den Wind aus den Segeln. Auch hier gilt, je klarer und konsequenter Sie selbst sind, desto eher ist für den Gast Ihre Haltung erkennbar. Es bedeutet innerlich ein klares „Nein" zu formulieren und dies ist bekanntermaßen schwer, weil wir es oft nicht gelernt haben und Angst davor haben, dass ein „Nein" als Schwäche aufgefasst wird (Schubert 2015). Also heißt es auch hier wieder ausprobieren und üben. Es geht hierbei um die Wertschätzung gegenüber uns selbst, unserer Arbeit und Leistung. Wer verhandelt denn mit dem IT-Spezialisten oder dem Handwerker, wenn ein Gerät defekt ist?

Verbindlichkeit einfordern Wir sind jetzt doch nur 30 statt 40 Personen, das macht doch bestimmt nichts, oder?

Eine Frage auf die der geneigte Gast gar keine Antwort wünscht, er will nur Bestätigung. Wer kennt das nicht und ärgert sich jedes Mal erneut. Die einzige Lösung sehen wir in hauseigenen AGB's. Allein diese in der Schublade zu haben reicht natürlich nicht, sondern der größere Schritt liegt in deren Anwendung. Schnell gibt es die Diskussion, dass es doch bei einem Stammgast oder einer kleinen Feier wohl eher schwierig ist usw. Genau das sollte nicht passieren, denn Sie weichen damit Ihre eigenen Regeln auf. Auch das ist wieder ein Thema der persönlichen Klarheit und der inneren Position zum Thema. Wenn Sie Angst haben es durchzusetzen und innerlich schwanken, wird es leider nicht funktionieren. Ähnlich unserem Beispiel in Abschn. 3.1.

Für jede Reise, für jeden Einkauf für jeden Vertrag gibt es Storno- und Rücktrittsbedingungen. Warum also nicht auch für die Familienfeier. Viele Dinge die dem Gast gar nicht bewusst sind, wie Waren- und Personaleinsatzplanung, erfordern klare Verhältnisse. Und Alles was schriftlich fixiert ist, lässt sich gegebenenfalls auch durchsetzen bzw. fördert die Verbindlichkeit des Gastes ungemein. Das Gleiche gilt im eigenen Haus, d. h. die AGB's auch im Handbuch Abschn. 4.2 aufführen.

Beispiel

- Für Menüabende, Sylvester oder andere offene Veranstaltungen empfehlen wir mit Vorkasse oder Anzahlung zu arbeiten, denn jeder nicht besetzte Platz erzeugt inneren Ärger und ist ein finanzieller Verlust
- Ein sehr heiß diskutiertes Eisen ist derzeit das Thema der sogenannten „no shows". Neben dem Notieren der Handynummer bei der Reservierung könnten Sie auch am Vortag eine SMS an den Gast senden, mit der Reservierungsbestätigung – bzw. -erinnerung. Hierfür gibt es bereits einfache Softwaremodule. Oder rufen Sie oder ein Mitarbeiter am Vortag persönlich kurz an und bestätigen Sie die Reservierung mit dem Ausdruck der Vorfreude auf ihr Kommen am folgenden Tag. Einige Kollegen, vor allem in der gehobenen Gastronomie, fragen bereits im Vorfeld die Kreditkartennummern ab.

Zusammenfassend sei gesagt, dass wir viel zu hart arbeiten um nicht auch den gerechten Lohn daraus zu ziehen. Und wenn am Ende genug übrig bleibt senkt sich das Stresslevel automatisch. Dazu müssen wir unseren eigenen Wert kreieren und zu ihm stehen, ohne „wenn" und „aber".

6.2　Wer nichts wird, wird Wirt

Ein Gastwirt leitet als selbständiger Unternehmer oder als Angestellter eines Unternehmens fachlich und kaufmännisch eigenverantwortlich einen Gastronomiebetrieb. Das Wort „Wirt" entstammt dem germanischen „werdum" für „Hausherr". Im Gegensatz zum Koch oder Restaurantfachmann ist Gastwirt kein geschützter Ausbildungsberuf. Quelle: Wikipedia 2018

Seit Jahrzehnten schon fordert die Branche vom Gesetzgeber einen Befähigungsnachweis ähnlich dem Meisterbrief im Handwerk. Passieren tut jedoch aufgrund fehlender Lobby rein gar nichts. Einzige Hürde ist nach wie vor das „Hackfleischdiplom" der IHK. Sicherlich kann man nicht alle über einen Kamm scheren. Es gibt natürlich einerseits hervorragende Quereinsteiger andererseits auch sehr gute Fachleute, die oftmals an den kaufmännischen Anforderungen scheitern. Nicht zuletzt aufgrund der fehlenden gesetzlichen Voraussetzungen fehlt es in der Bevölkerung an Wissen und Respekt vor der Monsteraufgabe „Gastronom". Und mit dem „bisschen Haushalt" kennt sich ohnehin jeder aus.

> So liegt es einzig und allein an uns, den Gastronomen, dieses Image kräftig auf zu polieren, Kante zu zeigen und ein Standing aufzubauen.

Was wir wollen und wofür wir stehen ist wichtiger denn je. Eine Debatte und Festlegung der Firmenwerte in einem Leitbild kann dabei persönlich sehr hilfreich sein und den ersten Schritt zum eigenen Standing darstellen. Mehr zum Leitbild haben wir schon im vorangegangen Kapitel Abschn. 5.3 geschrieben.

An dieser Stelle geht es nun darum dieses Leitbild nach außen zu tragen. Die Mühe zur Erstellung eines Leitbilds lohnt sich also mehrfach, zum einen für interne Klarheit, Einheitlichkeit, Mitarbeiterbindung und -rekrutierung, als auch für den professionellen Außenauftritt mit Statement.

Ihre Fragestellungen

- Wie sollen die Öffentlichkeit, der Markt, die Kunden uns wahrnehmen?
- Welche Werte möchten wir hervorheben?
- Wie können wir diese Werte darstellen?
- Über welche Wege kommunizieren wir diese?

Beziehen Sie Position – ein Antistressprogramm Fast täglich lesen wir in den Medien vom Gaststätten-Sterben. Die Gründe dafür sind wie durch all das Beschriebene klar sichtbar, sehr vielfältig. Ein ganz entscheidender Punkt ist, dass der Preis meist zu gering ist für die erbrachte Leistung. Wir können den Preis nicht endlos nach oben strapazieren, sollen uns aber keinesfalls unter Preis verkaufen. Mit den Fastfoodketten können und wollen wir nicht mithalten. Das bedeutet aber auch, dass wir uns ganz klar abheben müssen, auch vom Mitbewerber im Ort oder der Region. Wer im Angebot vergleichbar ist, wird auch im Preis verglichen. Die Angst vor leeren Plätzen trägt uns meist mehr als der Mut sich für seinen Wert und Preis stark zu machen.

Literatur

Schubert S (2015) Happy Sales: Mit positiver Psychologie und Zeitmanagement zum Erfolg im Verkauf. Willey-VCH, Weinheim

Wikipedia (2018) Gastwirt, Die freie Enzyklopädie. Bearbeitungsstand: 11. Oktober 2016, 9:50 UTC. https://de.wikipedia.org/wiki/Gastwirt. Zugegriffen: 11. Feb. 2018

Wirtschaftswoche (2016) Stress durch Unsicherheit, Finanzielle Belastung kann zu Schmerzen führen. http://www.wiwo.de/technologie/forschung/stress-durch-unsicherheit-finanziel-le-belastung-kann-zu-schmerzen-fuehren/12997500.html

7

Täglich was Neues – „Büro"-kratie

Vom Psychologen bis zum Brandschutzexperten

Gastwirte bestimmen die Organisation der Betriebsabläufe, erteilen Weisungen für den kaufmännischen, personellen und technischen Ablauf im gesamten Gaststätten- bzw. Restaurantbetrieb, stellen Personal ein und treffen Entscheidungen über Investitionen. Sie koordinieren und kontrollieren Service und Empfang und organisieren die Abläufe in sonstigen Funktionsbereichen (Küche). Außerdem tragen sie die Verantwortung für die Einhaltung einschlägiger Gesetze und Verordnungen, insbesondere Jugendschutz und Nichtraucherbestimmungen. Sie sind für die kaufmännische Rechnungslegung und gastronomische Planung zuständig und setzen mittel- und langfristige Absatz- und Umsatzziele. Sie veranlassen und überwachen den Einkauf, die Lagerung und die Vor- und

© Springer Fachmedien Wiesbaden GmbH, ein Teil von Springer Nature 2018
A. Brenner und B. Wolf, *Der Anti-Stress-Trainer für Gastronomen*,
https://doi.org/10.1007/978-3-658-22191-1_7

Zubereitung von Speisen und Getränken, verhandeln mit Lieferanten und prüfen die Qualität der Waren. Außerdem planen und kontrollieren sie den Wareneinsatz, überwachen die Abläufe in der Küche und wirken bei der Festlegung der Speise- und Getränkepläne mit. In Deutschland brauchen alle Gastwirte einen speziellen Eignungsnachweis (ohne Prüfung), der in einem Lehrgang bei der Industrie- und Handelskammer erworben wird (Quelle: Wikipedia 2018).

In diesen wenigen Zeilen werden sehr vielfältige Berufsfelder beschrieben. All das soll der gute Gastronom in einer Person vereinigen. Kein Wunder also, dass so viele daran scheitern.

Es geht weiter mit der Gefährdungsbeurteilung psychischer Belastungen der Mitarbeiter oder der allgemeinen Gefährdungsbeurteilung von technischen Anlagen. Sicher sind viele der Aufgaben für Sie tägliches Geschäft, einige davon eben auch nicht. Bevor sich also Stress entwickelt aufgrund von Unsicherheit oder Überforderung empfehlen wir, sich in diesen Bereichen Unterstützung zu holen. Natürlich kostet es Geld, aber „Outsourcen" lohnt sich in manchen Bereichen. In wieder andere Fachgebiete können Sie sich einarbeiten. Hierzu gibt es auf den Webseiten von Verbänden und Institutionen eine Vielzahl von Hilfsmitteln, die wir zum Teil auch hier zitiert haben.

Hier finden Sie Informationen und Schulungsmaterial

Berufsgenossenschaft
Hotel- und Gaststättenverband
Initiative Neue Qualität der Arbeit

Bundesanstalt für Arbeitsschutz und Arbeitsmedizin (BAuA)
INDIGO – Innovation und demographischer Wandel im
   Gaststätten- und Hotelgewerbe
www.gastronomie-stress.de

7.1   Von Listen, Tabellen und anderen Freizeitbeschäftigungen

HACCP – 5 Buchstaben aus der Sicht des Kochs und Kreativen

Der 1. Januar 2006 ist für mich der Beginn der ausufernden Bürokratie in der Gastronomie. Ab diesem Tag ersetzte das EU Recht die deutsche Lebensmittelhygieneverordnung. Um Gottes Willen, bitte nicht falsch verstehen. Ich war seit Ende der 80er selbstständig und hatte zu keiner Zeit Probleme mit der Lebensmittelkontrolle. Ich erinnere mich noch genau an den Spruch beim ersten Besuch des Kontrolleurs nach in Kraft treten des Gesetzes: „A Sau bleibt a Sau, ob mit oder ohne HACCP. Und ob einer anständig putzt oder nicht sehe ich auch ohne HACCP." Ganz so einfach blieb es jedoch nicht und schnell wurde klar, dass ich um das Listen führen nicht herumkomme. Doof war nur, dass mir keiner so genau sagen konnte was ich nun notieren sollte und jeder Kontrolleur auf andere Dinge Wert legte. Der eine wünschte die Temperaturausdrucke des TK-Lieferanten, der nächste bemängelte die Dichtung am Vakuumiergerät. Womit wir schon beim Hauptproblem wären – Wischiwaschi-„Vorschriften". Klare Vorgaben und klare Umsetzungsrichtlinien und alles ist paletti. Manches ist bei genauerer Betrachtung sicherlich sinnvoll, über den Sinn anderer kann man sicher streiten Jeden einzelnen Tag habe ich mich darüber aufgeregt und hatte ich die Listen mal vergessen umso mehr. Und bist du tatsächlich mal eine Woche hinterher kannst du dir sicher sein, dass der Kontrolleur vor der Tür steht. Wie Sie schon merken, ich bin wahrlich kein Fan von Listen. Es hilft nur nichts sich täglich darüber aufzuregen. Tatsache ist: Lerne das zu lieben was unvermeidlich ist. Zugegeben braucht es anfangs viel Zeit um zum Beispiel Reinigungslisten für HACCP zu erstellen. Wenn das System jedoch erst mal installiert ist kann es eine riesen Erleichterung sein. Der Kontrollaufwand wird wesentlich geringer und jeder weiß was er zu tun hat. Außerdem muss nicht immer alles der Chef selber machen – die Verantwortung die Temperaturlisten habe ich meiner Küchenhilfe übergeben, die mag diese Listen erstaunlicherweise sogar und vergisst sie nie!

HACCP – 5 Buchstaben aus der Sicht der hauseigenen Ernährungswissenschaftlerin

Am 1. Januar 2006 war ich noch nicht in der Gastronomie tätig, hatte zum Thema Hygiene schon viel im Studium gelernt und hatte einige Kollegen, die in der Lebensmittelkontrolle arbeiteten. In meiner Tätigkeit als Beraterin von Kantinen hatte ich natürlich auch praktisch mit dem Thema zu tun. Immer galt es den Köchen zu erklären warum sie nun selbst bestimmen können und sollen was und wie oft gereinigt wird. Vielleicht liegt es auch an den sperrigen 5 Buchstaben, die noch nicht einmal ins Deutsche übersetzt wurden. „Hazard Analysis and Critical Control Points", zu Deutsch Gefahrenanalyse kritischer Lenkungspunkte. Allein die Begrifflichkeit ist ein Grauen für die Köche.

Sicher bin ich auch kein Listenfan, die Grundidee finde ich in diesem Fall allerdings sehr gut. Es geht darum die betriebseigenen, kritischen Punkte selbst zu erarbeiten und festzuhalten. Natürlich haben alle auch vorher schon geputzt und die meisten auch gewissenhaft, aber es gibt nun mal kritische Stellen, die sonst übersehen werden oder nicht regelmäßig gesäubert werden. Eine riesige Chance sehe ich in der gemeinsamen Erstellung mit dem Personal. Jeder bringt seine Erfahrung, Abläufe und möglichen noch nicht berücksichtigten Punkte ein. Gleichzeitig kann man anhand dieser Liste die Aufgaben fix verteilen und jeder hat seine Checkliste um nichts zu vergessen. Hierzu siehe auch meinen Praxisbericht in Kapitel Abschn. 4.2.

Mit diesem Hintergrund bin ich dann ein paar Jahre später selbst als Chefin auf den kreativen Koch und Chef getroffen. Seine Einstellung gegenüber den Listen hat sich wie oben zu lesen doch ein wenig geändert und das Stresspotenzial gegenüber den Listen und meiner Meinung dazu ist deutlich gesunken. Ganz so schlecht ist die Sache dann doch nicht, wenn man sich ihr von der positiven Seite annähert.

Übrigens: Die Überarbeitung der HACCP-Listen mit dem Personal ist eine wunderbare Einheit für eine ernsthafte Hygieneschulung.

Doch leider gibt es nicht nur diese HACCP-Listen, sondern noch viele andere. Und das macht Stress!

Neuerdings verlangt das Arbeitszeitgesetz penibelst genaue Aufzeichnungen der Arbeitszeiten: Pausen, die maximalen Tagesarbeitszeiten, freie Tage, jeder Zeit einsehbar von Kontrolleuren, vom Arbeitnehmer unterschrieben und exakt an den Steuerberater übermittelt. Dann gibt es natürlich zum Beispiel noch Allergie- und Zusatzstofflisten, Kassenbücher, OPOS-Listen vom Steuerberater oder Dienstpläne. Papierkram soweit das Auge reicht – wo wir doch eigentlich nur kochen wollen und den Gast glücklich machen wollen.

Was können wir hier tun, außer protestieren? Das ist sicher auch nötig, bringt uns aber in diesem Moment nicht weiter in Sachen Stressabbau. Deshalb geben wir hier ein paar Tipps zur Vereinfachung des Alltags.

Tipp

- Die modernen Kassensysteme können mehr als nur Rechnungen drucken. Die Zeiterfassung des Personals ist mit den meisten Systemen oder mit einem zusätzlichen Software-Tool möglich. Diese erstellen die Monatsauswertungen und können mit Cloudlösungen sogar direkt vom Steuerberater abgerufen werden.
- Kassensysteme, über die auch das Kassenbuch geführt werden kann, erleichtern die Arbeit. Belege

werden zum Beispiel direkt von der Kasse gescannt und so digital erfasst. Dies können auch schon günstige Tablet-Kassensysteme
- Eine DATEV-Schnittstelle ist ebenfalls zu empfehlen. So kann der Steuerberater direkt auf alle Daten zugreifen
- Für die Dienstplanerstellung hilft ein kostenloses Online-programm. Mit Doodle (www.doodle.com) können die Einsatz- und Arbeitszeiten abgefragt werden. Besonders zur Abfrage für Aushilfen geeignet – so ersparen Sie sich viele Telefonate, Whatsapp-Nachrichten und haben alles auf einen Blick in Tabellenform vorliegen.

Einfach Arbeitshilfen zur Entlastung Legen Sie sich für die wiederkehrenden Aufgaben eine Übersicht an wie unser Beispiel Tab. 7.1 an. So können Sie diese Termine aus dem Kopf bringen müssen nicht ständig überlegen wann was ansteht und können überprüfen ob Sie es

Tab. 7.1 Wiederkehrende Prüfungen und Aufgaben nach Monaten

Thema	1	2	3	4	5	6	7	8	9	10	11	12
Prüfung Feuerlöscher		x										
Prüfung Öltank			x									
Prüfung Gas-Tank			x									
Wartung Heizungsanlage									x			
Prüfung Elektroanlagen												
Wartung Gerät............						x						
Wartung Gerät…..				x								
Wartung Maschine….							x					
Hygieneschulung MA					x							
Betriebsausflug		x										

Eintrag der Tätigkeiten nach Monaten

erledigt haben. Natürlich können Sie auch mit Outlook und Terminserien und Erinnerungen arbeiten (Monatlich, wöchentlich oder jährlich etc. können hinterlegt werden)

Literatur

Wikipedia (2018) Gastwirt, Die freie Enzyklopädie. Bearbeitungsstand: 11. Oktober 2016, 9:50 UTC. https://de.wikipedia.org/wiki/Gastwirt. Zugegriffen: 11. Feb. 2018

8

Ausblick mit Weitblick

Wie kann es also weitergehen in der Gastronomiebranche? Sie unterliegt, wie schon mehrfach betont, einem gravierenden Wandel. Es liegt nun an uns, diesen Wandel zu gestalten durch neue Konzepte und Ideen. Die klassischen Gastronomiebetriebe werden weniger werden, dafür wird die restliche Gastrowelt bunter und vielfältiger werden wie auch schon in Abschn. 5.1 angesprochen. In Zeiten des Nachwuchs- und Personalmangels ist es unumgänglich neue Wege zu gehen, in eine Arbeitswelt der Achtung, der Wertschätzung und der respektvollen Kommunikation. Zukunftsfähige und stressfreie Gastronomie wird nur über ein ehrliches, vertrauensvolles Miteinander funktionieren. Wir können Sie nur ermuntern: Seien Sie mutig und warten Sie nicht ab bis Sie und die Branche zusammenbrechen. An alten Zöpfen festzuhalten und sich resigniert

© Springer Fachmedien Wiesbaden GmbH, ein Teil von Springer Nature 2018
A. Brenner und B. Wolf, *Der Anti-Stress-Trainer für Gastronomen,*
https://doi.org/10.1007/978-3-658-22191-1_8

zurückzuziehen sind keine Erfolgsbringer für Unternehmer. Vor allem, wenn Sie Ihren persönlichen Werten auf die Spur kommen, werden Sie auch Ihre Ausrichtung und Ihr besonderes Profil finden. Sind Sie ehrlich mit sich und schauen Sie genau hin, was Sie wirklich möchten.

Seien Sie ein fairer Chef, leben Sie einen respektvollen Umgang gegenüber sich, Ihren Mitarbeitern und den Produkten, die Sie verarbeiten. Die Wertschätzung Ihrer gesamten Umwelt und der Erfolg werden Sie entlohnen.

In diesem Sinne wünschen wir Ihnen eine stressfreie, erfolgreiche Zukunft in unser aller Lieblingsbranche.

Ihre Andrea Brenner und Ihr Bernhard Wolf.

Über den Initiator der Anti-Stress-Trainer-Reihe

Peter Buchenau gilt als der Indianer in der deutschen Redner-, Berater- und Coaching-Szene. Selbst ehemaliger Top-Manager in französischen, Schweizer und US-amerikanischen Konzernen kennt er die Erfolgsfaktoren bei Führungsthemen bestens. Er versteht es, wie kaum ein anderer, auf sein Gegenüber einzugehen, zu analysieren, zu verstehen und zu fühlen. Er liest Fährten, entdeckt Wege und Zugänge und

© Springer Fachmedien Wiesbaden GmbH, ein Teil von
Springer Nature 2018
A. Brenner und B. Wolf, *Der Anti-Stress-Trainer für Gastronomen*,
https://doi.org/10.1007/978-3-658-22191-1

bringt Zuhörer sowie Klienten auf den richtigen Weg.

Peter Buchenau ist Ihr Gefährte, er begleitet Sie bei der Umsetzung Ihres Weges, damit Sie Spuren hinterlassen – Spuren, an die man sich noch lange erinnern wird. Der mehrfach ausgezeichnete Chefsache-Ratgeber und Geradeausdenker (denn der effizienteste Weg zwischen zwei Punkten ist immer noch eine Gerade) ist ein Mann von der Praxis für die Praxis, gibt Tipps vom Profi für Profis. Heute ist er auf der einen Seite Vollblutunternehmer und Geschäftsführer, auf der anderen Seite Sparringspartner, Mentor, Autor, Kabarettist und Dozent an Hochschulen. In seinen Büchern, Coachings und Vorträgen verblüfft er die Teilnehmer mit seinen einfachen und schnell nachvollziehbaren Praxisbeispielen. Er versteht es vorbildhaft und effizient, ernste und kritische Sachverhalte so unterhaltsam und kabarettistisch zu präsentieren, dass die emotionalen Highlights und Pointen zum Erlebnis werden.

Stress ist laut der WHO die gefährlichste Krankheit des 21. Jahrhunderts. Stress wirkt aber von Mensch zu Mensch und somit auch von Berufsgruppe zu Berufsgruppe verschieden. Die von Peter Buchenau initiierte Anti-Stress-Trainer-Reihe beschreibt wichtige berufsgruppenspezifische Stressfaktoren und mögliche Lösungsansätze. Zu der Reihe lädt er ausschließlich Experten aus der jeweiligen Berufsgruppe als Autor ein, die sich dem Thema Stress angenommen haben. Als Zielgruppe sind hier Kleinunternehmer, Vorgesetzte und Inhaber in mittelständischen Unternehmungen sowie Führungskräfte in öffentlichen Verwaltungen und Konzernen angesprochen.

Mehr zu Peter Buchenau unter www.peterbuchenau.de.

Printed in the United States
By Bookmasters